一分钟沟通技巧

壹品尚唐 编著

贵州大学出版社
Guizhou University Press

· 贵阳 ·

图书在版编目（ＣＩＰ）数据

　　一分钟沟通技巧 / 壹品尚唐编著．-- 贵阳：贵州大学出版社，2024.7. -- ISBN 978-7-5691-0954-2

　　Ⅰ．C912.11-49

　　中国国家版本馆 CIP 数据核字第 2024FW8907 号

YI FENZHONG GOUTONG JIQIAO

一分钟沟通技巧

编 著 者：壹品尚唐

出 版 人：闵　军
责任编辑：葛静萍　胡　霞　叶俐辰
装帧设计：熊立宾
内文版式：郭晓硕

出版发行：贵州大学出版社有限责任公司
　　　　　地址：贵阳市花溪区贵州大学东校区出版大楼
　　　　　邮编：550025　电话：0851-88291180
印　　刷：三河市元兴印务有限公司
开　　本：710 毫米 ×1000 毫米　1/16
印　　张：16
字　　数：126 千字
版　　次：2024 年 7 月第 1 版
印　　次：2024 年 7 月第 1 次印刷

书　　号：ISBN 978-7-5691-0954-2
定　　价：68.00 元（全二册）

前 言

　　沟通是连接人与人之间的重要桥梁，无论年龄大小，我们都需要通过有效的沟通来表达自我，理解他人。对于孩子来说，良好的沟通技巧不仅能够帮助他们在学习、生活中建立自信，更能帮他们在成长的过程中，塑造健康的人际关系，提升社会适应能力。因此，《一分钟沟通技巧》应运而生，旨在为孩子们提供一套全面、实用的沟通指南。

　　我们在书中设置了5个小栏目——"情景小舞台""如此沟通""技巧万花筒""成长的天空""知识分诊台"。在本书中，我们为孩子们搭建了一个模拟现实生活的平台，其通过各种生动有趣的场景，让孩子们了解到现实生活中的沟通难题是什么。在"如此沟通"部分，我们深入剖析日常沟通中的典型实例，给孩子们展示正确的沟通方式、方法。"技巧万花筒"则是一面展示多元沟通技巧的镜子，涵盖了多方面的沟通技巧，每一种技巧都像一朵独特的花，等待孩子们去发现、欣赏，并将之运用到日

常生活中。"成长的天空"则关注孩子们的情感世界，让他们通过对这次沟通达到的效果进行反思，感悟成长。最后，"知识分诊台"是帮助孩子解答关于沟通疑惑的窗口，我们以知识迁移的形式，帮助他们丰富知识。

需要特别强调的是，沟通不仅是语言的交流，更是情感的传递。因此，本书在讲解技巧的同时，也注重培养孩子们的同理心和情感智慧，让他们懂得用心去感知他人的情绪，用爱去温暖他人的世界。

编写这本书的过程，是我们对儿童教育的深度思考和实践探索的过程。我们希望，每一位阅读此书的孩子，都能从中找到属于自己的沟通之道，用真诚和善良，打开与世界对话之门。同时，我们也期待家长和老师们能一同参与，以开放的心态，鼓励和支持孩子们去尝试，去犯错，去成长，因为沟通技巧的掌握，是一个持续的学习和实践过程。

最后，我们相信，每个孩子都拥有无尽的潜力，只要给予他们适当的引导和机会，他们就能展现出惊人的沟通能力。让我们一起，为孩子们的成长之路铺设一座沟通的桥梁，让他们在交流中发现自我，理解他人，享受快乐，成就未来。

《一分钟沟通技巧》不仅是一本书，更是一个陪伴孩子成长的良师益友。我们期待这本书能像一把钥匙，打开孩子们的心扉，让他们在与世界的对话中，学会尊重，懂得理解，成长为拥有良好社交能力的未来之星。

目 录

校园生活篇

家庭日常篇

校园生活篇

 小杰，我有点事情，想听听你的意见。

当然，你说，我们是好朋友嘛。

 是这样的，刚才小明找我借钱，说是有急用。

你借给他了吗？

 没有，我担心如果这次借了，以后他就会总找我借，我负担不起。

确实如此，你还担心这次没借钱给他就失去了这个朋友，对吧？

 是啊！我们是好朋友，我不想因为借钱影响友谊。

如此沟通

一、表达理解和关心

中午，小林见着小明后，主动跟他说道："小明，我知道你现在可能有困难，我很愿意帮忙。但是我也没有多余的钱能借给你。如果你是因为忘记带饭钱，我们可以一起去问问食堂阿姨能不能先让我们吃饭，明天再把钱补上。"小明听后觉得有道理，两人决定先去学校食堂问问。

二、温和坚定地说明原因

在去食堂的路上，小林告诉小明："我妈妈告诉我，借钱很容易影响感情。我们还是学生，而且，我最近想买一本刚出的漫画书，我正在攒钱呢。所以，我不能借钱给你，但是我会尽我的力量帮助你的。"

三、提出替代方案或建议

最后，小林跟小明提议："如果以后我们有需要对方帮忙的地方还是要告诉对方，多个人多个想法嘛！如果是跟钱有关，我们也可以一起想办法解决；如果解决不了，我们可以求助于父母或者老师，总会有更好的办法的。"小明听了小林的话，感到很高兴，他很庆幸有小林这样的好朋友。

沟通方式 1 表示关心 + 说明情况 + 提出替代方案

先表示对同学的关心和理解；然后告知他自己的经济状况，以合理的方式拒绝对方借钱的诉求；同时要站在朋友的角度帮他思考解决问题的方法，帮助朋友解决问题。

沟通参考

小明，你是不是遇到困难了呀？我们是好朋友，如果你遇到困难可以告诉我呀。虽然我们都是学生，没有什么钱，但是我可以帮你一起想办法，如果你是忘记带饭钱的话，我可以陪你一起去问问食堂的叔叔阿姨，他们肯定会帮忙的！

沟通方式 2 表示关心 + 委婉拒绝 + 说明原因

先表示对同学的关心；然后以委婉的方式拒绝他借钱的诉求；同时要解释拒绝的原因，在此过程中要考虑对方的感受。

沟通参考

小明，你应该是遇到困难了，对吧？我也很想帮你，但是我确实没有多余的钱，最近我一直想买那本最新的漫画，都没能买呢！你要是需要其他帮助的话，我一定帮你！

成长的天空

今天我很好地解决了"怎样拒绝借钱给小明"这个难题。我不仅学会了更好地跟朋友沟通，也更深刻地理解了老师常教导我们的"同学之间要互相帮助"的道理。同学之间、朋友之间应该互相帮助，但是我们还是学生，涉及金钱的事我们无力解决，遇到这样的问题我们应该找找其他的解决办法。如果实在解决不了，应该求助于家长或者老师。

知识分诊台

在人际交往中，学会拒绝很重要。当我们不想做或不能做某件事时，勇敢地说"不"可以帮助我们尊重自己的感受和节约时间。拒绝别人并不意味着我们不友好，而是清晰地向别人表达我们的选择。

要进行明确的拒绝，我们可以这样做：首先，直接但礼貌地说出"不"；其次，说一个简单的理由，使别人理解我们的决定；然后，尽量保持微笑和友好的语气，使对方不会感到受伤；最后，不需要感到内疚或不好意思，因为我们有权利说"不"。

记住，拒绝别人的时候，我们要坚定但礼貌。学会拒绝，是成长的一部分，它让我们更加独立和自信。

情景小舞台

 嘿，小华，今天你好像有点心事？

是啊，小明，我有个问题不知道该怎么办。

 说出来嘛，或许我能帮上忙。

我发现我对老师的一个解释有不同看法，但不敢说。

 哦，这样啊。为什么不敢说呢？

怕老师觉得我不尊重他，或者想法太幼稚。

 我懂了，你勇敢表达自己，老师应该会欣赏你吧。

一、建立信任的沟通环境

课后，小华鼓起勇气去找老师，他开始时有些紧张地说："老师，我有时候觉得我的想法和您不一样，但我怕说出来会让大家不高兴。"但老师温柔地说："小华，我很高兴你愿意跟我分享。记住，这里没有错误的问题，只有未解的谜题。我们可以一起探讨，好吗？"小华点了点头，老师的鼓励让他慢慢放松下来。

二、表达自我与尊重他人

在老师的鼓励下，小华尝试表达自己的观点，他说："老师，关于那个数学问题，我有一个不同的解题方法，虽然可能不完全正确，但我很想听听您的看法。"小华没有直接否定老师的观点，而是从个人体验出发，表达自己的见解，既展现了对老师的尊重，又清晰地传达了自己的想法。

三、共同探索与反馈

在小华分享完自己的想法后，老师提议："小华，你的方法很有趣，让我们一起在黑板上演算一下，看看它如何与我们之前学的知识相联系，或许能发现新的解题路径呢！"于是，师生二人在黑板上，一步步验证小华的方法，同时，老师还不时提出引导性问题，帮助小华深入思考，并适时给予正面反馈。

技巧万花筒

沟通方式 1 开门见山 + 共情表达 + 开放式提问

　　首先直接且礼貌地提出存在不同意见的事实；紧接着通过共情表达对老师的理解和尊重，为接下来的讨论创造一个积极和谐的基调；通过开放式提问邀请老师参与到讨论中来，促进双方的深入交流。

沟通参考

　　老师，我其实对昨天课堂上的那个数学问题有一些其他的思考，我明白您准备每一堂课都非常辛苦，而且您总是希望将最易懂的方法教给我们。我在想，如果我们从另一个角度来解这个问题，可能会让大家理解起来更直接一些，您觉得呢？

沟通方式 2 开门见山 + 个人感受陈述 + 理由阐述

　　直接而礼貌地提出自己的不同见解；还可以通过分享个人感受和详细的理由增加说服力，使老师理解你的立场，从而促进双方的有效沟通和共同探索。

沟通参考

　　老师，对于上次课上的那个数学问题我有个不同的想法，想和您分享一下。因为我发现了一种可能更简洁的解题方法，这让我对数学更加感兴趣了。我之所以这么认为，是因为这种方法减少了计算步骤，用图形辅助理解，让解题过程一目了然。我觉得这不仅能帮助我更好地掌握知识，而且也许班上其他同学也会觉得更容易理解。

成长的天空

当我终于鼓起勇气，用刚学到的沟通技巧向老师表达了我的不同意见后，心中那份紧张与不安，逐渐被一种前所未有的轻松和自信所取代。一开始，我很担心老师会不接受，甚至对我有看法，但当老师对我投来鼓励的眼神，耐心地倾听并回应我的意见时，我感觉到一股暖流涌上心头。原来，坦诚而尊重地表达自己，不仅能促进理解，还能拉近彼此的距离。解决问题之后，我发现与老师的沟通会成为促进我学习和成长的桥梁。

知识分诊台

当我们和别人交谈时，说出自己的想法很重要。这样做可以让我们的家人、朋友和老师知道我们喜欢什么，不喜欢什么，以及我们为什么会感到快乐或难过。这样他们就能更好地理解我们，我们也能更好地理解他们。

积极地表达自己，就像是和别人分享我们心中的小秘密，让他们知道我们在想什么。这样，当我们需要帮助或者别人想要和我们一起玩的时候，他们就能更快地知道如何加入我们，大家就能一起开心地玩耍或解决问题。

所以，不要怕说出自己的想法，大人和其他小朋友都很愿意听你说。这样做，我们能交到更多的朋友，让每一天都充满乐趣和快乐。

 小西，我最近有点烦，想跟你说说。

怎么了？小明，发生什么事了吗？

 小华老是跟我比成绩、游戏，连新鞋都要比。

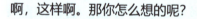 啊，这样啊。那你怎么想的呢？

 我感觉压力好大，好像做什么都得赢他才行。

 攀比不好，你不要在意这个，做自己最重要嘛。

 我也想不在乎，但有时候就是会不开心。

如此沟通

一、坦诚表达，开启对话之门

下课铃声刚落，小明轻轻地拍了拍小华的肩膀："小华，能和我聊聊吗？我有些心里话想说。"小华点了点头。小明说："我发现咱们最近总是在比这比那的，说实话，我的压力有点大。我觉得朋友之间不应该只是比较，对吧？"小华听后，眼神里闪过一丝意外，随即认真思考起来。

二、倾听与理解，搭建心灵桥梁

小华沉默片刻，然后轻声回应："小明，其实，我这么做是因为我挺羡慕你的，觉得你什么都做得好，就想和你一样优秀。"小明听了，心里的结似乎松动了一些。他没想到，小华的行为背后藏着这样的动机。"原来你是这么想的，"小明说，"其实，每个人都有自己的优点和不足，不用非得和别人一模一样。我们可以互相学习，而不是单纯地比较。"小华点头赞同，两人开始分享彼此的长处和短处，以及未来想一起努力的方向。通过倾听和理解，他们的心渐渐靠近。

三、共同设定目标，携手前进

随着交流的深入，气氛变得轻松愉快。小明提议："要不，我们不比高低，一起定个目标怎么样？比如下次考试，咱们互相帮助，争取都进步。"小华眼睛一亮，兴奋地说："好主意！这样既能提升自己，又加深了友谊。"

沟通方式 1 说明感受 + 阐述原因 + 表达期望

清晰地传达个人的情感体验；触发这种感受的具体原因；以及对未来的正面期待，促进对方理解并考虑调整行为。

沟通参考

我感觉有点失落，因为我们总是在比较谁的成绩高、谁的玩具酷，这让我觉得我们的友谊像是在比赛。我希望我们能更多地分享快乐，而不是总是看谁做得更好。

沟通方式 2 认真倾听 + 深化对话 + 询问态度

通过认真倾听确认对方的情感或想法，确保正确理解；并进一步询问以深化对话；展现对话者的同理心和开放态度。

沟通参考

听起来你希望通过比较来激励自己进步，是这样吗？你能告诉我更多的你这样做的原因吗？

起初，我真的很担心这样的对话会让我们的关系变得更加尴尬，但是真诚和开放的态度似乎起到了奇妙的作用。当我说出自己的感受，而小华也愿意倾听并理解时，我感觉到一种前所未有的轻松。小华的回应让我明白，他那些无意中的攀比行为其实是出于自我鞭策，而非对我有恶意。这让我学会了从另一个角度看待问题，也教会了我沟通的重要性。真正的成长不是体现在成绩或物质的超越上，更重要的是心灵的成熟和人际交往能力的提升。

认真倾听别人说话，在人际交往中十分重要。当我们仔细听别人讲话时，我们就能更好地了解他们的想法和感受，知道他们为什么开心，或者为什么难过。

倾听很重要，因为它能让我们和别人成为好朋友。当我们专心听别人说话时，别人就会觉得我们在乎他们，从而愿意和我们分享更多的事情。而且，倾听还能帮助我们更好地解决问题。当我们听到别人的问题时，我们可以表达自己的想法，帮助别人找到解决的办法。

所以，下次当别人和你说话的时候，记得用你的耳朵仔细倾听，用心去感受。这样，我们就能成为一个好的倾听者，让周围的人都喜欢和我们在一起。

04 如何回应同学给取的难听外号

 小西，我最近有点郁闷，能聊聊吗？

当然可以，小明，发生什么事情了？

 小华给我起了个外号，每次他一叫，同学们都笑。

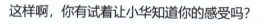

这样啊，你有试着让小华知道你的感受吗？

 没有直接说，但我觉得他应该看出我不喜欢了。

有时候直接表达更好，他可能没意识到伤害到你了。

 我也这么想，但又怕说了后，他会更过分。

如此沟通

一、平静自我，寻找合适时机

小明在心中反复演练如何向小华表达不满。他知道，直接生气可能会让情况更糟，于是决定先调整好自己的情绪，寻找一个双方都比较放松的时刻进行谈话。周末的午后，阳光正好，小明看到小华在公园悠闲地喂鸽子，他觉得这是个不错的时机，便慢慢走过去，轻声邀请小华找个安静的地方坐下聊聊。

二、开放式对话，表达真实感受

小明说："小华，我有些话想和你说，是关于那个外号的事情。当我被叫作'小迷糊'时，我感觉到很伤心，因为这让我觉得自己不被尊重。"小明没有直接指责小华，而是分享自己的内心体验，用"我"的感觉，希望能引起小华的共鸣。

三、倾听对方观点，共同寻找解决办法

小华听完，认真地回应："我真的没意识到这会对你造成这么大的影响，对不起，小明。我以后不会再这样叫你了。"小明感激地点点头，然后提出："让我们想一想，如果以后不高兴了，我们怎样友好地提醒对方。"小华欣然同意，两人决定设立一个"友好提示"的暗号，既能维护彼此的尊严，又能保持和谐的友谊。

技巧万花筒

沟通方式 1 情境描述 ＋ 情感表达 ＋ 期望声明

首先客观描述发生的情境；接着表达个人的真实情感；最后明确说明自己的期望或需求，以此促进对方理解并采取行动。

沟通参考

昨天在课堂上，当你叫我"小迷糊"的时候，我感到非常难过和尴尬，我希望我们以后能用名字或者友好的昵称相称。

沟通方式 2 语言陈述 ＋ 影响说明 ＋ 合作邀请

从第一人称出发，减少对对方的直接指责；阐述对方的行为对自己造成的具体影响；随后邀请对方一起寻找解决方案，营造合作而非对立的氛围。

沟通参考

我感觉到，当那个外号被使用时，它让我在朋友面前失去了自信。我们能不能一起想想其他更正面的称呼方式呢？

成长的天空

　　之前，那个难听的外号像一片乌云，总是在不经意间飘进我的心里，让我在同学面前抬不起头。但当我鼓起勇气，用平和而真诚的方式向小华表达了我的感受之后，我发现，沟通的力量远远超出了我的想象。

　　我意识到，很多时候，问题的解决并不需要激烈的对抗，而是需要理解和表达。我相信，只要我们愿意打开心扉，用爱和尊重去沟通，就没有化解不了的矛盾。

知识分论台

　　直接沟通能帮助我们以更开放和包容的心态去理解对方的立场与感受。这种基于尊重与理解的交流，能够促使双方共同审视问题，寻找误会的根源，并携手寻找解决方案。在这个过程中，我们不仅解决了眼前的误会，更在无形中加深了彼此之间的了解与信任。因此，当误会发生时，我们应该勇于迈出那一步，选择直接沟通的方式去解决问题。只有这样，我们才能在人际交往中，携手共进，共同创造更加和谐的人际关系。

小明　　　　　　　　小西

情景小舞台

小华，我最近心里好烦，想跟你说说。

怎么了小明，有什么事情让你不开心？

小强老是让我跟他一起去捉弄小东。

啊，这样不好吧，小东会很难过的。

我知道，我不想这样做，但又怕小强不高兴。

友谊不应该建立在伤害别人的基础上，你要坚持自己的立场。

可是我怕拒绝他会失去这个朋友。

如此沟通

一、勇敢表达不同观点

　　第二天课间，小强一如既往地找到小明，低声说："嘿，今天放学后我们再给小东来点'惊喜'怎么样？"小明深吸一口气，鼓起勇气，直视小强的眼睛，回答道："小强，我想过了，我觉得那样做并不好。我们总是捉弄他，其实挺伤害他的。我不想再参与这些事了。"小强愣了一下，显然没想到小明会这么说。

二、以理服人

　　见小强面露不悦，小明继续说道："你知道吗？真正的朋友应该让对方变得更好，而不是通过伤害他来取乐。如果我们是好朋友，就应该互相支持，而不是彼此拖后腿。而且，这样做也会影响我们在同学心中的形象，大家都不喜欢欺负人的行为。"小明的话语诚恳而坚定，试图从道理上说服小强。

三、提出积极替代方案

　　小明趁热打铁，提出了一个新想法："不如这样，我们放学后可以一起去踢足球或者打篮球，既能锻炼身体又能增进友谊。小东其实也挺喜欢运动的，我们可以邀请他一起，这样大家都能成为好朋友，多好！"小强思考片刻，嘴角慢慢上扬，点了点头："好吧，听你的，这主意不错。"

小明　　　　　　　小强

技巧万花筒

沟通方式 1　明确拒绝 + 换位思考 + 强调友情

先对同学表示明确的拒绝；然后提醒同学站在他人的角度思考问题；再向同学发出邀请，用培育友情的方式取代不合理的欺凌。

沟通参考

小强，我不同意你的做法。想象一下，如果有人这样对你，你会不会难过？不如我们邀请小东一起玩游戏，这样我们的友谊圈就更大了！

沟通方式 2　明确拒绝 + 正义感 + 提出建议

先对同学表示明确的拒绝；然后站在正义的角度说服同学；通过提出合理建议促进大家共同进步。

沟通参考

小强，我不同意你的做法。比起捉弄他人，做好事会让人的心情更好。如果我们帮助小东，比如教他数学题，看到他进步，那种开心可比捉弄人大多了！

成长的天空

我心里既激动又感到有些不可思议。刚刚，我真的做到了，用最真诚、最简单的话，让小强理解了我的立场，还让他愿意和我一起去帮助小东，而不是欺负他。那一刻，我感觉自己好像变成了书里那些勇敢又聪明的角色，用言语就能解决难题。我想着接下来要怎么和他们一起做些有意义的事情，比如成立一个学习小组，或者准备一场小型的班级表演。这种感觉真是太好了，就像是发现了新大陆，每一次和朋友们的正向互动，都让我更加坚信，善良和智慧结合的力量是无穷的。

知识分诊台

换位思考可以帮助我们从别人的角度来看世界。当我们试着理解别人的想法和感受时，就能更好地和他们相处，也能更公平地看待事情。这样做很重要，因为每个人都不一样，有着不同的喜好和想法。如果我们能够换位思考，就能更尊重别人，避免误会和争执。通过换位思考，我们也能学会同情和关爱。当我们能感受到别人的喜悦或悲伤时，我们就能分享他们的快乐或安慰他们的难过。

总之，换位思考让我们的心灵更加宽广，让我们成长为更好的朋友和家人。下次当你和人交谈或玩耍时，试着站在他们的角度想想，这样你们的关系就会更亲密，更和谐。

06 如何化解"同学认为是我告状"

小华

姐姐

情景小舞台

 姐姐,有件事让我好烦恼,能和您说说吗?

当然可以,小华,发生什么事了?

 小明总误会我,以为我向您打小报告。

这样啊,那你有和小明直接沟通吗?

 试过了,但他不信,还因此不理我了。

明白了,误解确实让人难过。我们得找到解决办法。

 我怕这样下去,我们的友谊就没了。

如此沟通

一、直面误会，诚恳解决矛盾

第二天，小华把小明邀请到家里，姐姐也在。小华鼓起勇气，望着小明，诚恳地说："小明，我一直把你当好朋友。之前有些事老师知道了，真不是我告诉的。我明白这让你不开心，但希望你能相信我。"小明似乎有所触动，但仍带着一丝疑虑说："可是，为什么每次我告诉你什么，然后老师就知道了？"

二、深入交流，相互理解

姐姐适时介入，温和地引导："小华，你有没有想过是什么让小明有这样的想法呢？"小华想了想，认真回答："可能我有时无意中表现出来的样子给了你错觉。其实，老师了解的事情可能是从其他渠道得知的。我们能不能从现在开始，有什么问题就直接沟通，不再让误会有机可乘？"小明低头沉思，终于开口："我也不想这样，只是被出卖的感觉很不好。如果你真的没做，那么对不起，小华，我误会你了。"

三、勇于认错，积极和解

小华立刻点头，眼中闪烁着喜悦："当然，我一直都珍惜我们的友谊。"小明也露出了久违的笑容，伸出手道："那我们还是好朋友，以后有什么直接跟我说，好吗？"小华握住小明的手，两人相视一笑，误会的阴云终被友谊的阳光驱散。姐姐在一旁欣慰地看着，轻声道："看到你们和好，真是太好了。记住，沟通和信任是友谊最坚实的基石。"

沟通方式 1 阐明立场 + 营造安全氛围 + 直接澄清误会

先表明自己的立场；通过主动关心对方的感受，创造一个非对抗性的交流环境；随后直接而诚恳地澄清误会，减少猜疑。

沟通参考

小明，我一直把你当好朋友。之前有些事老师知道了，真不是我告诉的。我明白这让你不开心，但希望你能相信我。

沟通方式 2 阐明立场 + 展示共鸣 + 进行情感连接

先表明自己的立场；展现对对方情感的深刻理解与共鸣；通过表达"我理解你的感受"来拉近彼此的心理距离，促进情感上的连接和信任。

沟通参考

小明，我真的没有向老师告状。可能我有时无意中表现出来的样子给了你错觉。其实，老师了解的事情可能是从其他渠道得知的。我们能不能从现在开始，有什么问题就直接沟通，不再让误会有机可乘？

成长的天空

当我听到小明对我的误解时，心里其实挺不是滋味的。不过，当我静下心来，用简单的话向小明解释我的初衷，看到小明的眼神从疑惑转为理解，我知道，我跨出了重要的一步。我意识到，沟通原来这么有魔力，能够把快要偏离航道的友谊之船重新拉回来。如果我们每个人都这样开诚布公地交流，班集体将会变得更加团结，朋友间的小误会也就无处藏身了。

知识分诊台

在解决矛盾时，提出共享目标十分重要。共享目标意味着大家都放下分歧，团结起来，朝着同一个方向努力。当我们和别人有不同意见时，如果能够找到一个大家都认同的目标，就能更容易地解决问题。共享目标的重要性在于，它能帮助我们集中精力在共同的利益上，而不是彼此的差异上。这样做不仅能够减少冲突，还能增强团队精神，让每个人都感到自己是被需要和重视的。

总之，下次当你和别人有矛盾时，试着找一个大家都想要达成的目标。这样做，有助于促使双方和谐地沟通，以及重建彼此间的信任。

小芳，我有个小烦恼，能听听吗？

当然可以，小明，说来听听。

我想夸夸小华，但不知道怎么说才好。

为什么想夸小华呢？

他画画进步好大，我还挺佩服的。

直接告诉他你的感受就好啦！

如此沟通

一、真诚开场，引起注意

阳光明媚的课间，小明特意找到了正在整理画具的小华。他深吸一口气，决定采用小芳的建议，真诚地表达他的赞美。"嘿，小华，我真心觉得，你最近在画画上的努力和进步，让人刮目相看。"小华露出一丝惊讶，随即不好意思地笑了："真的吗？谢谢，其实我就是喜欢瞎涂涂。"

二、细节描绘，加深印象

小明见状，知道第一步已成功引起小华的兴趣，于是进入第二阶段——通过具体细节强化赞美效果。"特别是那张星空图，星星点点，蓝紫色的渐变，我仿佛真的被带入了另一个世界。"小华的眼睛亮了起来，没想到自己的努力能被人如此细致地注意到。"哇，小明，你这么一说，我都感动了。那幅画我确实花了很多心思。"

三、情感共鸣，升华赞美

见小华已经被触动，小明决定更进一步。"你知道吗，小华？看到那幅画的时候，我突然明白了，艺术不只是技巧，更是情感的传达。你的作品让我感受到了美，也激励了我，让我想要在学习上也像你一样，不断追求进步。"小华的眼眶微微泛红，显然被小明这番话深深触动。"小明，谢谢你，这是我听过的最好的夸奖。以后，我们互相鼓励，一起加油吧！"

小明

小华

沟通方式 1 直接赞美 + 结合细节 + 深度认同感

给予他人赞赏；结合具体细节会大大增加赞赏的诚意和效果；让同学明确知道自己的哪些方面得到了认可，从而产生更深刻的认同感和满足感。

沟通参考

小华，我真心觉得，你最近在画画上的努力和进步，让人刮目相看。特别是那张星空图。我记得你跟我说过，你是怎样观察云层流动，怎样尝试捕捉夜晚的特点的。

沟通方式 2 直接赞美 + 描述观察 + 表达正面感受

先明确提出对他人的赞美；客观描述所看见或听见的事物，避免评价性语言；表达这一事物为自己带来的正面感受或思考，建立情感联系。

沟通参考

小华，你的画真的好棒！那片星空，星星点点，蓝紫色的渐变，我仿佛真的被带入了另一个世界。

成长的天空

今天跟小华的对话让我格外开心，我意识到，真诚的赞美不仅能让人笑容满面，更能拉近彼此的距离，让友情的种子悄悄发芽。我得记住，以后也要多发现别人的闪光点，让大家都能感受到被看见的美好。小华的反应让我明白了，真诚的赞美不仅能让他人快乐，还能让自己的心情飞扬起来。以后要多多传递正能量，让周围充满更多的笑容和温暖。

知识分诊台

细节化的赞美能够让对方感到开心和温暖。如果我们在赞美中加入具体的细节，就像是在告诉别人，我们不仅看到了他们的成果，还注意到了他们的特点和努力。这种赞美方式很重要，因为它能让人感到真诚和贴心。这样的赞美能够增强人们的自信，鼓励他们继续发挥自己的长处。而且，细节化的赞美还能加深我们与他人之间的联系。当我们用言语表达出对细节的注意，对方就能感觉到我们之间的交流是深入的和有意义的。

总之，下次当你想要赞美别人时，试着找出那些特别的小细节，然后说出来。这样的赞美不仅能让人心情愉悦，还能让你们的关系更加紧密和美好。

 小华，我有点烦，小东总是以为我在炫耀新游戏机。

怎么回事？你跟他说了什么吗？

 我就提了下新游戏，没想到他会那样想。

可能他最近心情不好，容易误会。

 但我真没想炫耀，就是想找人一起玩。

那你打算怎么跟小东解释呢？

 我想直接找他说清楚，但怕他不信。

如此沟通

一、主动询问，理解对方感受

夕阳斜照的校园里，小明和小东坐在操场边的长椅上。小东率先开口："小明，别再炫耀你的游戏机了，我不想听。"小明没有立刻辩解，而是选择了询问："我想我可能没意识到你的感受。你能具体说说是哪些行为让你感觉我在炫耀吗？"通过主动询问，小明不仅展现了对小东情绪的尊重，也为后续的沟通奠定了理解的基础。

二、表达自我，澄清误会

小东阐述了自己的想法，听完，小明轻声回应："我明白了，但我绝对没有想要炫耀的意思。其实是这样的，我第一次拥有自己的游戏机，特别兴奋，所以忍不住想和朋友们分享。我没有意识到这会让朋友们感到不舒服，以后我会注意的。"小明诚恳地表达了自己的初衷和情感，有效地澄清了误会，并表明愿意调整自己行为的积极态度，这让气氛缓和了不少。

三、共同寻找解决办法，加深友谊

感受到小明的真诚，小东也放松下来，微笑着说："是我错怪你了。我们以后可以一起玩游戏，或者你可以教我一些技巧，我们一起享受游戏的乐趣。"小明眼睛一亮，立刻赞同："这个主意太好了！我们可以成立一个小组，每个人都可以分享自己喜欢的东西。"两人相视而笑，决定以后要多沟通，避免类似的误会再次发生。

沟通方式 1 保持开放心态 + 确认对方感受 + 追问细节

遇到误会不要立即反驳，而是用开放的态度和专注的眼神鼓励同学表达内心的感受，并进一步询问具体原因；让对方感受到被重视；也为接下来的对话铺平道路。

沟通参考

哦，原来是这样。谢谢你告诉我你的感受，我想我可能没意识到这一点。你能具体说说是哪些行为让你感觉我在炫耀吗？

沟通方式 2 保持开放心态 + 诚恳说明意图 + 分享个人情感

开放地面对同学的误解；通过直接而诚恳地说明自己的真实意图；传达自己的无辜与善意。同时，明确表示将调整分享行为，以防再造成误解。

沟通参考

我明白了，小东，我绝对没有想要炫耀的意思。其实是这样的，我第一次拥有自己的游戏机，特别兴奋，所以忍不住想和朋友们分享这份快乐。我没有意识到这会让你或者其他朋友感到不舒服。以后我会注意分享的方式和时机，确保不会给大家带来误解。

成长的天空

结束了与小东的对话，我心中仿佛卸下了一块大石头，一种温暖而轻松的感觉油然而生。起初听到小东的误会，我确实有些意外和委屈，但选择耐心倾听后，我发现了自己未曾留意的行为会对他人产生影响。通过真诚地表达自己，我不仅澄清了误会，更重要的是，我们的友情也因此更加坚固。我提出一起建立小组的想法，这不仅仅是关于游戏，更是我们之间信任与理解的桥梁。我意识到，有效的沟通不仅能解决矛盾，还能开启更多的快乐时光。这次经历教会了我，真诚与开放的心，是维护友情最宝贵的钥匙。

知识分诊台

当我们遇到误会时，保持开放的心态非常重要。这样做可以帮助我们更快地弄清楚误会是怎么发生的，也能让我们更快地找到解决问题的方法。保持开放的心态意味着我们愿意倾听，不急于反驳。这样，我们就可以给别人一个机会来解释他们的行为，也能让我们更全面地了解情况。当我们展现出愿意理解对方的姿态时，别人也会更愿意听我们说话，这样大家就能一起找到解决问题的办法。

总之，下次如果你和别人之间出现了误会，记得保持开放的心态，耐心地听对方说。并且在表达自己的想法时，也要注意保持诚实，不要回避问题，也不要急于辩解，这样就能够缓和彼此的对立情绪，从而消除误会。

小华   小明

情景小舞台

 小华，我有点烦恼，能聊聊吗？

当然可以，小明，有什么事情让你不开心？

 我觉得我没法对小强说"不"，即使他的一些想法我不太同意。

这样啊，为什么觉得难呢？是怕伤了和气吗？

 嗯，我怕说出来他会生气，就不跟我玩了。

友谊需要真诚，小强应该也会理解的。要不试试温和地说出你的看法？

如此沟通

一、温和开场，表达感受

第二天，小明鼓起勇气，决定采用小华教给他的方法。课间，他轻轻地拍了拍小强的肩膀："嘿，小强，我有些想法想和你分享，关于昨天你说的那个游戏策略。"小强转过来，眼神中带着好奇："哦？说来听听。"小明深吸一口气，尽量诚恳地说："我觉得那个策略挺有创意的，不过，或许我们可以尝试另一种方式……"

二、具体阐述，提出建议

小明继续说道，他注意到小强的表情从疑惑转为了认真。"我觉得如果我们先升级防御设施，再集中火力攻击，可能会更稳妥……"小强没有打断小明，而是耐心听他讲完。小明的建议具体而周到，让小强感受到了他的用心。

三、强调共识，保持尊重

见小强沉默不语，小明连忙补充道："当然，这只是我的一个小想法，不一定对。最重要的是，不管用什么策略，我们都要一起努力，对吧？"小强思考片刻，随即笑道："嘿，小明，你这个点子真不错！我们就按你说的试试看！"小明心中一块石头落地，他开心地看着小强。这次成功的沟通不仅解决了他们的分歧，还加深了他们之间的理解和信任。

沟通方式 1　温和开场 + 积极认可 + 转换视角

温和地进行开场；正面肯定对方的观点；提出不同视角，站在不同角度询问同学的意见。

沟通参考

小强，你的想法真的很棒，给了我很多启发！如果从另一个角度来看，可能还有其他可能性，比如，你觉得这个角度如何？

沟通方式 2　温和开场 + 情感共鸣 + 建设性提议

温和地开场；阐述内心的情感，寻求共鸣；说明自己的目的，提出具体的建设性建议。

沟通参考

小强，我同意你的这个观点。我完全理解你想要达到的效果，我们的目标都是一样的。或许我们可以这样做，可能会让计划更加完善，你觉得呢？

成长的天空

表达真实的自己并不会让朋友疏远，反而让彼此的理解更加深刻。解开误会的那一刻，我感到前所未有的轻松和喜悦。我意识到，真正的友谊能够容纳不同，甚至是分歧。小强的接纳和理解，让我学会了在尊重中坚持自我，在沟通中寻求共识。这次经历，不仅让我和小强的友谊更加坚固，也让我在成长的路上迈出了勇敢的一步。原来，勇于表达，本身就是一种成长。

知识分诊台

在人际交往中，寻求共识，非常重要。寻求共识就是找到大家都同意的事情，就像找到两个人共同喜欢的游戏，大家都能玩得很愉快。当我们努力寻找到共识时，我们就能更好地理解对方的想法，知道他们为什么会觉得这样，也能让他们理解我们。这样，大家就能像队友一样协作，一起解决问题，把事情做得更好。寻求共识还能让我们的友谊更深。当我们发现彼此有共同的看法或兴趣时，就会感觉更亲近，更愿意一起度过美好时光。

记得，多找共同点，这样我们就能一起创造更多美好的时光。

情景小舞台

 小华，我有点烦，能和你说说吗？

 当然可以，小明，发生什么事了？

 小强老是开我玩笑，让我好尴尬。

 他开的玩笑让你不开心了吗？

 嗯，有时候挺过分的，我不知道怎么回应。

 那你试过告诉他你的感受吗？

 没有，我怕说出来我们的关系会变差。

 其实，坦诚交流很重要。你可以温和地告诉他。

如此沟通

一、表达感受，开启对话

放学铃声响起，小明鼓起勇气走向小强，他决定先从表达自己的真实感受入手。"小强，我们是好朋友，对吧？我有些心里话，想和你说。"小强一愣，随即点头："当然了，小明，我们之间还有什么不能说的。""其实，有时候你开的玩笑让我感觉有点难过。"小强听后，脸上闪过一丝惊讶，随即认真回答："小明，真没想到会让你不开心，对不起，我没注意到。"

二、具体举例，增进理解

小明见小强态度诚恳，决定进一步举例说明。"比如上次你说的那个关于我数学作业的笑话，但我其实挺尴尬的，因为那让我觉得自己很笨。"小强想了想，恍然大悟："哦，那个啊，我完全没有意识到。以后我会注意的。""是的，我们开玩笑也要考虑到对方的感受。我们可以多开些积极、鼓励的玩笑，这样大家都开心。"

三、共同制定规则，展望未来

为了防止类似问题再次发生，小明又提议："小强，要不我们定个'玩笑守则'怎么样？比如，开玩笑前先想想会不会伤害到对方，或者开玩笑后如果发现对方不高兴，要及时解释和道歉。"小强眼睛一亮："好主意！还有，如果有人觉得不舒服，可以直接说'暂停'，我们就立刻换个话题。"两人你一言我一语，共同制订了一个系列简单而实用的"玩笑守则"。"看来，通过好好说话，很多问题都能解决嘛！"小明笑道。

小强

小明

技巧万花筒

沟通方式 1 提出问题 + 开放式对话邀请 + 表明态度

首先，通过提出问题建立双方的情感联系，确认彼此的关系，营造安全的沟通环境；接着，采用开放式对话邀请，鼓励对方参与进来；最后，进一步表明自己的态度。

沟通参考

小强，我们是好朋友，对吧？我有些心里话，想和你分享。其实，有时候你开的玩笑让我感觉有点难过。我知道你是无心的，但还是希望你能理解我的感受。

沟通方式 2 表明态度 + 具体实例 + 个人影响描述

先阐明自己的态度；通过提供具体的例子，使讨论更加实际；接着详细描述该行为对个人情感的影响，让对方直观感受到其行为的后果。

沟通参考

我不太喜欢你开的一些关于我的玩笑。比如上次你说的那个关于我的数学作业的笑话，虽然大家都笑了，但我其实挺尴尬的，因为那让我觉得自己很笨。

当我鼓足勇气，尝试用最简单的话告诉小强我的感受时，我紧张得手心都出汗了。没想到，小强听后不但没生气，还真心实意地道了歉，那一刻，我心中的石头卸了下来，整个人都轻松了许多。我们一起制订了"玩笑守则"，想到以后我们之间会有更多理解和支持，而不是尴尬和误会，我的心就暖洋洋的。我明白了，好朋友之间不怕有问题，只怕不去解决。现在，我不再害怕小强的玩笑了，因为我们有了更好的相处方式。

当我们遇到矛盾时，进行开放式对话邀请非常重要。这就像是说："我们坐下来，慢慢聊聊吧。"这样的邀请可以让对方知道我们愿意倾听他们的想法，而不是只想要争个对错。开放式对话鼓励大家分享自己的感受和看法，而不是把话藏在心里。当我们用这种方式邀请对方交谈，就能让对话变得更加轻松和开放，这样大家就能更好地理解彼此。此外，开放式对话还能帮助我们找到解决问题的方法。因为在这样的对话中，大家都可以提出自己的想法，然后一起想办法，找到让所有人都满意的答案。

总之，如果下次你和别人有矛盾，试着用开放式对话邀请的方法，这样做不仅能让你们的关系更和谐，还能帮助你们一起找到解决问题的好办法。

11 怎样应对同学的欺负

老师

小明

情景小舞台

老师，我有件事想跟您说。

小明，有什么事情困扰你吗？

小强总是欺负我，我不知道怎么办。

他做了什么让你感到不舒服？

他拿我的东西，还给我起外号。

这样啊，你试过告诉他你的感受吗？

试过了，但他不听，还变本加厉。老师，我实在是不知道该怎么办了。

· 42 ·

如 此 沟 通

一、倾听与理解

在学校的安静角落，老师安排小明和小强面对面坐下。老师首先引导小明表达自己的感受，老师说："小明，能告诉小强，当他那样做的时候，你心里是怎么想的呢？"小明鼓起勇气，用平静的声音说："我很难过，觉得被孤立了。"老师鼓励小强认真倾听，不打断。小强听完，似乎有所触动，但表情依然复杂。

二、表达与道歉

感受到气氛的变化，老师接着引导小强表达自己的想法："小强，你愿意分享一下，为什么会有那样的行为吗？"小强犹豫片刻，低声道："其实我……我只是想引起大家的注意，没想到会伤害到小明。"在老师的引导下，小强向小明道歉："小明，对不起，我没有考虑到你的感受。"小明展露出一丝释然的微笑，回应道："没关系，希望我们能成为好朋友。"

三、共同制定解决策略

看到两人关系缓和，老师提议一起寻找解决问题的方法。小明想了想，说："我们可以一起参加课外活动，多了解对方。"小强立刻赞同道："对，还可以互相帮助学习！"老师补充道："很好，另外，如果以后再有冲突，我们约定先冷静下来，尝试直接沟通解决，或者找老师帮忙，怎么样？"两人点头同意，眼中闪烁着欣喜的光。

老师

小明

小强

沟通方式 1 **表明立场 + 个人体验 + 原因说明**

明确表明自己的立场；分享个人经历和感受；并解释背后的原因，以促进相互理解。

沟通参考

小强，我不喜欢你的一些行为。当你取笑我在课堂上的回答时，我感到非常尴尬和伤心，我积极参与课堂互动却被取笑，那让我真的很受伤。

沟通方式 2 **表明立场 + 表示理解 + 接受道歉**

清晰直接地表达自己的感受、需求或边界；尝试从对方的角度考虑问题，展现出对对方行为背后可能的动机或情绪的理解和同情；当对方表达歉意时，以开放和宽容的心态接受道歉。

沟通参考

小强，当那些玩笑和行为让我感到不舒服时，我真的希望它们能停止。我想，也许你这么做是为了吸引大家的注意或是有其他原因，你的道歉让我看到了你改变的意愿。我愿意放下过去，让我们一起向前看，成为好朋友。

成长的天空

开始，我心中充满了忐忑和不安，不知道怎样才能让小强理解我的痛苦，更怕这样做会让事情变得更糟。但当老师引导我们坐下来，真心诚意地交流，那一刻起，我仿佛找到了释放情绪的出口。我开始理解，每个人的行为背后，或许都藏着一些原因。接受他的道歉，对我而言，不仅是对他人的宽容，更是对自己心灵的一次解放。面对困难和误解，勇敢地站出来表达自己，同时也给予别人理解自己的空间，这是解决问题的关键。

知识分诊台

宽容在人际交往中非常重要。对别人宽容，就是允许他们犯错误并从中学习，而不会因为他们的一次小失误就生气或失望。这样做可以让人们感到舒适，他们也不必时刻担心被批评。

宽容意味着我们能理解每个人都有缺点，而且我们选择接受这些缺点而不是放大它们。这有助于我们和他人建立信任和友谊，因为人们更愿意与那些不会因小错就轻易放弃他们的人相处。此外，宽容还能帮助我们自己成长。当我们学会以宽容对待别人时，我们也学会了如何更好地处理自己的情绪，这有助于我们在社交中保持冷静和理智。

总之，宽容是一种重要的社交技能，它有助于我们与他人建立积极的关系，使我们的生活更加愉快。当你的朋友或同学犯了小错，试着宽容对待，这样，你们的关系会更加融洽。

12 如何面对老师的批评

情景小舞台

 嗨，小华，你好像有点心事重重？

 嗯，小明，我被老师批评后，不知道怎么跟老师说话了。

 是因为上次作业的事吗？老师可能只是希望你更好。

 我知道，但一想到要面对老师，我就紧张得说不出话。

 试试深呼吸，放松点。老师也是普通人，你可以试着和老师沟通一下。

 可我不知道怎么开口，怕又做错什么。

如此沟通

一、主动倾听，理解对方立场

　　小华鼓起勇气，在课后找到了老师。他决定主动倾听，先理解老师的立场。"老师，我来找您是因为最近我感觉自己对您的批评有点不知所措，我想听听您对我的期望是什么，这样我可以做得更好。"老师微微一笑，感到意外又欣慰，耐心地解释道："小华，我批评你是因为对你有更高期待。"

二、表达感受，建立情感连接

　　在理解了老师的意图后，小华诚实地分享了自己的内心世界。"老师，您的批评让我有时候不敢提问，害怕再出错。但我真的很想进步。"老师听后，眼神柔和了许多："小华，谢谢你告诉我。记住，勇于面对才是成长的开始。"

三、共同寻找解决方案，确立行动计划

　　"老师，我们能不能一起制订个计划，比如我每天额外做几道题，您每周给我一些反馈？"小华提议。老师点头赞同："这个主意很好，小华。我们可以设定具体目标，你每天练习，每周我们简短交流一次，看看哪里进步了，哪里还需要努力。"他们还约定，如果小华有任何疑问或遇到难题，随时可以在课间找老师，建立起更加开放和积极的师生沟通模式。

小华

老师

沟通方式 1 认真倾听 + 自我反思 + 主动提问

首先，全神贯注地听老师批评，不打断，展现尊重和开放的态度；听完后尝试从老师的角度理解批评背后的意图和期望；基于自我反思，礼貌地提出问题，确保自己正确理解了批评的内容和目的。

沟通参考

老师，我认真地听了您对我的批评，有一些问题是我可以避免和改正的，比如粗心，其他的问题您能告诉我一两个具体的例子吗？这样我以后可以注意改进。

沟通方式 2 表达感受 + 积极认同 + 寻求建议

首先诚实地分享自己的感受；但避免指责，同时认可老师的关心和期望；主动向老师询问改进的具体方法，显示出积极学习的态度。

沟通参考

老师，听到批评时，我开始有点难过，但我也想做得更好。我知道老师批评我是为了我好，想让我进步。您有什么特别的建议或练习的方法可以帮助我减少这些错误吗？

成长的天空

起初，面对批评，我的心像被重石压着，感到困惑和失落。但当我鼓起勇气，用新学到的沟通技巧与老师交流时，一切都发生了变化。我用心倾听，尝试站在老师的立场去理解。那一瞬间，我感受到了老师的期望与关怀，原来批评背后藏着的是对我成长的期待。存在不足并不是失败，承认不足则是成长的开始。我们一起设定了小目标，我不再是独自面对挑战，而是有了老师的陪伴和支持。这次经历，让我学会了如何以积极的态度面对困难，更重要的是，我收获了一份宝贵的信任——来自老师，也来自我自己。

知识分诊台

开放式提问就是提出一些不能简单用"是"或"不是"来回答的问题，可以提出"你为什么会这么想？"或者"你对这件事有什么感受？"这样的问题。开放式提问鼓励对方分享更多信息和想法，让对话更加深入。

在沟通中使用这种策略，可以帮助我们更好地理解别人，也能让对方更愿意和我们交流。这样，我们的对话就能更加顺畅，也能解决更多的问题。无论是在家里、学校还是和朋友在一起，开放式提问都能让我们的沟通更加有效，帮助我们建立更好的关系。

13 遇到不喜欢的老师，怎么办

情景小舞台

 小华，我有点苦恼，想跟你说说。

 好啊，小明，有什么事情让你不开心？

 新来的数学老师，我不太喜欢他的教学方式。

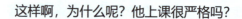
 这样啊，为什么呢？他上课很严格吗？

 有点，而且他讲课我没兴趣听，感觉好枯燥。

 那你有试过课后跟他沟通一下吗？

 没呢，我不敢，怕他说我不好好学习。

如此沟通

一、勇敢表达，开启心门

在一个阳光明媚的下午，小明鼓足勇气，敲响了数学老师办公室的门。他决定采用直接而尊重的方式，表达自己的感受。进门后，小明深吸一口气，轻声说道："老师，我能和您谈谈我的一些感受吗？"数学老师微笑着点头，示意他继续。小明接着说："我发现我最近对数学课的兴趣不如以前了，可能是因为我觉得课堂有点枯燥，而且您的教学方式让我感到有些紧张。"

二、积极倾听，理解与共鸣

数学老师听完，并没有生气。他邀请小明坐下来，认真地说："小明，我很高兴你能直接告诉我你的感受。我想先听听，你觉得什么样的教学方法会更吸引你？"小明没想到老师会这样问，顿时觉得被重视，便分享了一些自己感兴趣的教学活动，比如互动游戏、小组讨论等。数学老师耐心倾听，偶尔点头表示认同，这让小明感受到了前所未有的尊重和理解。

三、共同探索，寻找解决方案

在充分交流后，数学老师提议："小明，我明白了你的想法，也认识到我在教学中的不足。我可以尝试调整课堂模式，比如每周安排一次数学游戏日，或者在讲解概念时穿插更多的生活实例来增加趣味性。"小明听到这里，眼睛一亮，立刻回应："老师，这主意太棒了！我会努力的，也期待我们的数学课能变得更有趣！"

沟通方式 1　肯定 + 感受 + 愿望

　　开始对话时先表达对老师的尊重和肯定；接着分享个人的真实感受；最后提出自己的期望或建议。

沟通参考

　　老师，我非常理解您对我们学习的严格要求，但我有时候会觉得课堂有点太安静了，这让我觉得数学有点枯燥。我希望能有更多互动和游戏化的学习方式，这样我会更积极地参与进来。

沟通方式 2　询问 + 倾听 + 反馈

　　通过提问的方式了解对方的立场；然后耐心倾听老师的回答；最后基于对方的回答给出建设性的反馈。这个过程有助于增进相互理解，并找到共同解决问题的方法。

沟通参考

　　老师，我想了解一下，您在设计课程时有没有考虑过加入一些有趣的元素呢？我明白您的目的是确保我们掌握基础，那您觉得如果我们在掌握了基础后，能不能尝试一些轻松的数学游戏作为复习呢？

成长的天空

当我一步步表达自己的感受时，我发现老师并非我想象中的那么不可接近。老师的回应温暖而鼓舞人心，这份被听见、被重视的感觉，让我对数学的热爱重新被点燃。解决问题的过程，对我来说，不仅是一个与老师拉近关系的过程，更是一个自我成长的旅程。我学会了如何用建设性的方式表达意见，如何倾听他人，更重要的是，我意识到，只要勇于沟通，很多看似难以逾越的障碍都能找到解决之道。

知识分诊台

在沟通时，积极地回应对方说的话很重要，换言之，这是一种"肯定"。因为这能让对方感觉到他们被听到和被重视。积极回应可以是点头、微笑，或者说一些像"哇，太棒了！"或者"能多告诉我一些吗？"这样的话。此外，当我们积极回应对方时，对方也会更愿意倾听我们的话，这样大家就能更公平、更开心地交流。这样的沟通可以帮助我们建立更紧密的友谊，也能让我们的相处更加和谐。

积极地回应是沟通中的重要组成部分，它能促进有效的沟通，建立和谐的关系，也能帮助解决冲突。

14 做错事让老师失望了，怎么办

 小西，我有件事好烦，能聊聊吗？

当然可以，小明，出什么事了？

 今天数学考试，我没考好。

啊，那你的感觉是怎么样的？

 我觉得我让老师失望了，她对我期望挺高的。

你之前学习很努力的，一次没考好不代表什么。

 但我看到老师失望的眼神，心里真不好受。

· 54 ·

如此沟通

一、勇敢开口，表达感受

小明鼓起勇气，在放学后敲响了老师办公室的门。"老师，我能和您聊聊吗？"他小声问道。老师微笑着点头，示意他坐下。"老师，我知道这次数学考试，我让您失望了。"小明开始时有些紧张，但还是决定直面问题。老师鼓励地看着他，示意他继续说下去。

二、主动寻求建议，共同分析原因

感受到老师的理解与支持，小明的紧张情绪缓解了不少。"我复习的时候觉得都懂了，但考试时就蒙了。我想知道是哪里出了问题，您能帮我分析一下吗？"老师赞许地点点头，开始细致地帮助小明分析错误的题目，指出是解题方法掌握不牢固和造成的。通过这种方式，小明不仅找到了具体存在的学习盲点，也学会了自我反思和解决问题的技巧。

三、制订计划，展望未来

经过一番深入讨论，小明和老师一起制订了一个有针对性的学习改进计划。"每周我会额外做两套练习题，特别是那些容易出错的题。老师，您看这样行吗？"小明充满信心地提出了自己的计划。老师满意地笑了，对小明的主动性和决心表示赞赏，最后，他们还约定了定期反馈进度的时间，确保计划的有效执行。

老师

小明

沟通方式 1 自我反省 + 主动认错 + 寻求理解

首先自我反省；主动承认错误；然后表达希望获得老师理解的愿望，这样的开场有助于缓和气氛，建立沟通的桥梁。

沟通参考

老师，我反思了这次数学考试的表现，确实没发挥好，让您失望了，我想听听您的看法。

沟通方式 2 具体问题 + 共同探讨 + 求取建议

明确指出自己遇到的具体问题；邀请老师共同探讨；并直接请教具体的改进建议，展现解决问题的积极态度和对老师意见的重视。

沟通参考

老师，我发现我在应用题部分总是出错，我们能不能一起看看这些题，您能给我一些建议吗？

成长的天空

　　走出老师的办公室，一开始的忐忑与不安，被一股莫名的轻松与释然所取代。我意识到，勇敢面对自己的不足，并非想象中那么可怕。相反，当我鼓起勇气向老师表达我的失落与困惑时，收获的是理解、鼓励，还有共同解决问题的方法。我开始期待下一次证明自己的机会，不仅是向老师，更是向自己证明——我能够克服困难，实现自我超越。我明白了无论遇到多大的挑战，只要敢于面对，勇于沟通，总能找到前进的方向。这份自信与决心，将伴随我走过今后的每一个难关。

知识分诊台

　　主动认错很重要，因为它显示出我们的诚实和勇气。当我们犯了错误，如果我们能主动承认，不仅能够赢得别人的尊重，还能让我们学会从错误中学习。当我们承认错误时，我们可以思考如何避免再犯同样的错误，这样我们就能不断进步，变得更加聪明。此外，主动认错也能让周围的人感到安心。因为这让别人知道我们是可以信赖的，我们愿意为自己的行为负责，从而帮助我们重建信任。

　　总之，主动认错是我们成长的一部分，它能够帮助我们更好地解决问题，而不是停留在错误上，它有助于促进后续的交流以寻找解决办法。

小梅　　洋洋

情景小舞台

 洋洋，你怎么绷着一张脸啊？

新班主任要求每人进行一分钟的自我介绍，我很紧张。

 哦，听说这个班主任邓老师曾拿过演讲比赛的冠军，很注重学生的口才呢！

我好紧张，真是要命的一分钟啊！难道你不紧张吗？

 本来我很紧张，看到你这样，我就不怎么紧张了。

你这是什么心态？

 嘻嘻，其实我也挺紧张的。

如此沟通

一、巧解自己的名字

课堂上，同学们按座次进行自我介绍，眼看就要轮到洋洋了，洋洋深吸了一口气，站起来，说："老师好！同学们好！我叫王洋洋，不是'太阳'的'阳'，是喜羊羊掉进了水里的'洋'……"老师和同学们听到这里，鼓掌大笑。洋洋看到大家的反应，轻松了许多，说起话来就更从容了。

二、语言生动幽默

洋洋说："我还有一个外号叫'点子哥'，大家以后遇到了什么问题，可以找我商量。我出点子，可能是歪点子，但也可能歪打正着。"大家听到这里，又是鼓掌大笑。洋洋继续说："我喜欢玩机器人，但是常被机器人'玩'……"大家又笑了。他接着说："现在机器人越来越厉害了，我们只有不断学习，才不会被机器人取代！"

三、善用肢体语言

最后，洋洋说："很开心与大家一起学习和生活！我们一起好好学习，天天向上。"他展露笑容，一边说一边做出举掌节节升高的手势："希望我们的学习成绩能让我们洋洋得意，希望我们的作文能写得洋洋洒洒，希望我们的知识渊博得犹如太平洋与大西洋！"洋洋一边说，一边做着相应的动作，博得了所有人的鼓掌喝彩。

沟通方式 1 打招呼 + 名字的由来 + 交友意愿

先礼貌地和大家问好；再介绍名字的由来，这样别人更容易记住你；最后展示自己的交友意愿。

沟通参考

大家好！我叫鹿鸣，我的名字取自《诗经》里的"呦呦鹿鸣"。今天最开心的事就是认识了大家，希望能和大家愉快相处！

沟通方式 2 打招呼 + 介绍特长 + 展示特长

把特长藏起来，别人可就不知道了，把特长展示出来不仅可以散发你的魅力，还可以帮你找到志同道合的朋友。

沟通参考

大家上午好！我叫小华。我最擅长背顺口溜，我给大家表演一段：吃葡萄不吐葡萄皮，不吃葡萄倒吐葡萄皮……谢谢大家的掌声！

成长的天空

今天好开心啊，我的自我介绍赢得了老师与同学们的一片叫好。想到准备自我介绍时的紧张心理，我现在都觉得有些好笑。因为那时我顾虑很多，一会儿担心字词，一会儿担心结巴，一会儿担心被嘲笑……想了很多可能出现的情景，自己吓唬自己，导致我极度紧张。事实上，在我进行自我介绍时，这些情景一个也没有出现。这件事告诉我一个道理：只要做好了准备，勇敢地去应对，结果往往比你预期的要好。

知识分诊台

肢体语言就是我们用身体的动作来表达自己的想法和感受，比如点头表示同意，招手表示欢迎，交叉手臂表示不高兴，等等。我们的笑容、眼神、手势和姿态都是肢体语言的一部分。

在人际交往中，肢体语言很重要，因为它可以帮助我们更好地传达自己的情感和意图。使用合适的肢体语言，可以让人们感到舒适和受欢迎，这样大家就更愿意和你交流。而且，通过观察别人的肢体语言，我们也能更好地理解他们的感受。

总之，肢体语言是我们沟通中的无声部分，它和有声的说话一样重要。注意自己的肢体语言，可以帮助我们更好地与他人相处，建立良好的关系。

家庭日常篇

情景小舞台

 小刚，我妈妈的生日快到了，我正犯愁呢！

你是在愁不知道送什么生日礼物吗？

 如果买礼物的话，买礼物的钱都是爸妈给的，感觉没意思。

是的，我们是学生，又没多少钱买礼物。

 所以啊，我也不知道该怎么办。如果不准备点什么，妈妈会很失望吧！

确实是这样！爸爸妈妈是世界上最爱我们的人，我们的生日爸爸妈妈可重视了。

 是啊！除了送礼物，我们还能做些什么吗？

如此沟通

一、寻求建议与创意激发

小明决定向老师和朋友们求助。课间时分，他问同桌小华："小华，你觉得我该给妈妈准备什么样的生日惊喜？"小华想了想，提议道："你可以做一张贺卡，写上你想对妈妈说的话。"放学后，小明又向老师请教，老师微笑着建议："为何不为妈妈做一顿早餐呢？"小明眼前一亮，心中有了计划。

二、情感表达与行动实践

周末，小明起了个大早，悄悄在厨房忙活起来。他煎了鸡蛋，还泡了妈妈最爱喝的花茶。餐桌上，他摆放了一张自己精心制作的贺卡，旁边附上了真诚的话语："妈妈，谢谢你为我做的一切。我爱妈妈。"准备好一切后，他轻轻地敲开妈妈的房门，羞涩却又兴奋地说："妈妈，生日快乐！"

三、反馈与情感升华

妈妈看到这一切，眼眶微微泛红，她紧紧地抱住小明，声音有些颤抖地说："这是我收到过的最珍贵的礼物，谢谢你，宝贝。"那一刻，小明深刻体会到，原来爱的表达不需要华丽的辞藻或昂贵的礼物，真诚的心意和行动足以让亲人感受到满满的幸福。这次经历不仅让小明学会了如何向家人表达爱，也让他明白了沟通与表达的重要性，为他的成长上了宝贵的一课。

沟通方式 1 观察 + 感受 + 需求

可以有意识地观察妈妈平时的日常生活；去感受妈妈日常生活里的不容易；然后为她做些力所能及的小事。

沟通参考

妈妈，我看到您每天下班回来都很累，我觉得好心疼。我想在您生日那天为您做一顿晚餐，让您放松一下。

沟通方式 2 正面肯定 + 具体行动 + 情感连接

首先要对妈妈的付出给予正面的评价或认可；再提出自己将要采取的具体行动；最后强调这一行动背后的情感意义或目的。

沟通参考

妈妈，您总是那么辛苦工作，还把家里照顾得这么好。为了感谢您，我用零花钱给您买了束花，并亲手做了一个生日卡片。我想让您知道，您对我来说有多重要，我有多么爱您。

成长的天空

　　当我意识到妈妈的生日悄然临近，心里既兴奋又有点忐忑。我只是一个普通的学生，没有那么多零花钱，我担心自己无法给妈妈过一个特别的生日。后来，我求助了老师和同学，决定动手制作一份礼物，把我的感激和爱意都融入其中。我选择了做一张手工贺卡，当我把这份礼物递到妈妈手中时，她眼里闪烁着泪光，脸上洋溢着温暖的笑容，那一刻，我明白了，爱不在于物质的奢华，而在于那份心意和努力。我明白了，哪怕是用最简单的方式，只要用心去做，就能成为最好的表达。

知识分诊台

　　情感智慧是我们的一种特殊能力，它让我们能够真实地表达自己的情感。我们可以将我们记得的那些快乐时刻，比如和家人、朋友一起玩游戏时的快乐感受说出来，或者通过微笑、拥抱来表达。

　　情感智慧很重要，因为它让我们的交流更加真诚和温暖。当我们用语言说出自己的感受，比如"我很高兴和你在一起"，或者用身体语言，比如用一个拥抱或一个微笑来表达感情时，别人就能感受到我们的真心。

　　这样的交流能让我们的关系更亲密，也能让我们的朋友和家人感到更快乐。所以，培养情感智慧，学会表达真挚的情感，可以让我们的生活更加美好。

答应爸妈的事没做到，怎么应对

妈妈

小明

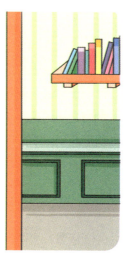

 妈妈，我作业还没完成，今晚可能要晚睡了。

小明，记得你答应爸爸九点前睡的吧?

 是的，但我还剩好多作业。

拖拉不是好习惯，爸爸会担心的。

 我知道错了，妈妈，你能帮我想想办法吗?

首先，尽快专心完成作业，然后我们去和爸爸谈谈。

 好的，我会加快速度。可是怎么跟爸爸说呢?

如此沟通

一、诚实开场，预先降低期望值

小明深吸一口气，推开爸爸书房的门，脸上带着歉意的笑容。"爸爸，我可以和你谈谈吗？"他用温和而直接的方式开始了对话，继续说道："我知道我们之前约定九点前睡觉，但是我今天遇到了一些小麻烦，可能无法按时履行约定。"这样的开场白既诚实，又预先降低了爸爸的期望，避免了直接的冲突。

二、具体说明原因，寻求理解

接着，小明详细说明了自己拖延的原因。"今天的数学作业特别难，有几个新概念我还没完全弄懂，所以我一直在查资料、想办法解决，结果时间就不够用了。"小明边说边拿出作业本，指出具体的难题。这种具体化的说明有助于父亲更好地理解小明面对的困难，激起父亲的同情和支持。

三、提出解决方案，展现责任感

最后，小明提出了自己的解决方案。"我已经制订了一个计划，接下来我会尽快完成剩余的作业，估计还需要一个小时。不会影响明天早起上学的。"他还补充说："下次我会提前规划，尽量避免发生这样的情况。"这样的结尾体现出他对未来的积极态度，符合有效沟通中的"问题解决导向"。

沟通方式 1　承认错误 ＋ 简述原因 ＋ 明确后果

首先承认过失；再简要说明造成问题的原因；最后清晰地指出由此产生的直接后果，展现诚实与责任感。

沟通参考

爸爸，抱歉，我意识到我可能不能在九点前睡觉了。因为今天的作业量比平时多了一些，而且我做得不够快，结果到现在还没完成。

沟通方式 2　表达自责 ＋ 提出补救措施 ＋ 请求指导

通过表达自责情绪，展现自我反思；随后提出具体的补救措施；最后向对方开放性地询问意见，增加互动性和合作感。

沟通参考

我对自己没有管理好时间感到很自责，我打算明天开始制订时间表，把做作业的时间提前，您觉得这个办法可行吗？或者，您有什么更好的建议？

成长的天空

当我鼓起勇气，小心翼翼地向爸爸解释了今晚未能按时睡觉的原因后，心里其实十分忐忑不安。当爸爸听完我的解释，没有责备我，反而露出了一丝理解的神情，那一刻，我心中的石头仿佛一下子落了地。爸爸的理解让我既感激又惭愧，我暗暗发誓，绝不能再拖沓。随后，爸爸还和我一起制订了一个小计划，帮助我更好地管理时间，这让我感受到了家的温暖和力量。解决矛盾的过程，虽然紧张，但也让我学到了沟通的重要，知道了面对问题时，要勇于承担和寻求解决办法。

知识分诊台

正面沟通能帮助我们用温和的方式调整对方的期望，让大家都感到舒服和开心。比如当我们告诉家人或者朋友，"我会尽最大的努力，但结果可能不会完美哦"，这就是在用正面的话语来设定一个更实际的期望。这样做很重要，因为它可以防止对方期望太高，如果事情没有达到他们想象的那样，他们也不会太失望。正面沟通能让我们的关系更加和谐，因为它让对方知道我们很真诚，也愿意努力。这样，即使结果不是最好的，大家也能相互理解，一起享受过程，而不是只关注结果。

总之，用正面的方式沟通，可以让我们和朋友、家人之间的交流更加顺畅和愉快。记住，下次当你和别人交谈时，用正面的话语来表达自己，这样你们就能一起创造一个更友好、更和谐的交流环境。

情景小舞台

 爸爸，你今天没去看我的古筝表演吗？

我知道，对不起，爸爸工作上出了紧急情况。

 可是你说过一定会来的，我一直在找你。

我知道，宝贝，爸爸食言了，我很抱歉。

 我表演完还哭了，以为你不关心我了。

怎么会呢，爸爸一直以你为骄傲，错过你的表演，我很难过。

如此沟通

一、情绪控制与表达感受

依依轻轻地推开家门，发现爸爸正坐在客厅里，神色有些疲惫。她深吸一口气，决定控制住自己的失落情绪，用平和的语气开始对话。"爸爸，你今天没能来少年宫看我的古筝独奏，我有点难过。"依依轻声说，她的眼神里带着一丝期待和不解，但更多的是想要得到答案的渴望。

二、倾听与理解对方

爸爸闻言，脸色略显愧疚。依依以一种鼓励的姿态说："爸爸，你能告诉我今天发生了什么事吗？是不是遇到了什么困难？"爸爸叹了口气，解释道："公司临时有个非常重要的会议，我本想处理完就赶过去，没想到会议拖得太久了。"依依认真听着，时不时点头，表示她正在认真理解爸爸的处境。

三、提出解决方案与展望未来

了解到爸爸的苦衷后，依依思考片刻，提议道："爸爸，虽然这次错过了，但我们能不能有个约定？以后我的重要活动，你提前标记在日历上，尽量调整工作，这样就不会错过了。"爸爸听了，连忙点头道："依依，这个想法太好了，爸爸以后一定注意。"两人相视一笑，依依心中的乌云也随之散去。

沟通方式 1 表达感受 + 描述事件 + 寻求确认

先表达个人情感；然后客观描述发生的事情；最后温和地询问原因，促进对方开放性地回应，减少防御心理。

沟通参考

爸爸，我有点难过，因为当我看向观众席时，没有看到你。是不是公司有很重要的事情耽搁了？

沟通方式 2 展现理解 + 重申重要性 + 提出期望

先在情感上建立共鸣；随后重申自己内心的真实需求；最后提出具体期望，既体现了尊重，又明确了未来的行为指南。

沟通参考

爸爸，我知道你工作很忙，但对我来说，你来观看我表演，这件事真的很重要。下次我表演，你能保证来吗？

成长的天空

　　回家的路上，想着爸爸没能如约来看我的古筝独奏，心里不免有些失落和委屈。回到家，我询问了爸爸没来的原因，听着他解释工作上的突发状况，虽然理解，但那份小小的期盼落空的感觉还是在心头萦绕。沟通时，我尽量保持语气平稳，让爸爸感受到我对他的理解。当爸爸诚恳地道了歉，并承诺下一次一定不会错过，我的心也渐渐温暖起来。这次沟通，不仅解决了我和爸爸间的误会，更让我学会了如何以成熟和包容的心态处理情感的波动。我明白了，有时候，理解和沟通比责备更重要。

知识分诊台

　　有效的情绪管理可以帮助我们保持平静和友好。当我们感到失望或者不开心时，如果我们能够先管理好自己的情绪，再去倾听别人的想法，就能更好地理解对方，避免争吵。学会管理情绪，意味着我们不会因为一时的不高兴就说出伤害别人的话。这样，我们就能更加冷静地听别人说话，也许他们会告诉我们一些我们不知道的事情，或者让我们看到问题的不同方面。

　　当我们能够把失望的情感转化为倾听的动力时，我们就能从别人的话中学到东西，甚至找到解决问题的新方法。

情景小舞台

妈妈，这道题怎么做呀？我看不懂。

来，妈妈教你，你看这个公式……

可是，我还是不太明白。

没关系，我们再看一遍，仔细读题。

可是，刚刚那个步骤……

晶晶，集中注意力，我们一步一步来。

可是，我就是不懂这个转换。

这都讲了几遍了，你怎么还不懂？

我，我尽力了。

如此沟通

一、情绪认同与冷静邀请

晶晶注意到妈妈的声音逐渐升高，她意识到情况需要缓和。她先暂停手中的作业，抬头用温和的目光看向妈妈，轻声说道："妈妈，我感觉到你现在可能有点儿生气了，我们都先深呼吸，冷静一下，好吗？这样我能更好地理解您讲的内容。"晶晶的这个举动有效缓和了现场的紧张气氛，为接下来的沟通创造了更加平和的环境。

二、肯定对方，提出要求

晶晶见妈妈稍微放松了一些，便继续说道："妈妈，我刚才对这个概念理解得不够透彻，您能再举个例子帮我理解一下吗？就像上次那样，用苹果和梨子解释分数，我很快就懂了。"晶晶直接而礼貌地提出了自己的学习需求，同时也肯定了妈妈的教学能力，展示了自己能够学好的决心，进一步缓和了妈妈的情绪。

三、表达感谢

感受到妈妈情绪明显好转，晶晶决定趁热打铁，她说："妈妈，谢谢您一直这么耐心地陪我做作业，我知道您工作一天已经很累了，还辅导我学习，我真的很感激。"晶晶让妈妈感受到自己的付出被看见和珍视。妈妈觉得晶晶很懂事，也就不再生气了。

沟通方式 1 情绪共鸣 + 自我反省 + 请求指导

    首先表达对父母情绪的理解，建立情感上的连接；结合自我反思与对对方付出的认可；请求父母对自己做出指导。

沟通参考

    妈妈，我感觉到您现在很生气，我想可能是我没跟上您的思路。能不能再给我解释一下这道题，用简单点的方式？

沟通方式 2 肯定表达 + 具体需求 + 未来承诺

    先表现对父母付出的认可；再清晰表达当前自己的学习需求；同时提出可行性建议或计划，并对父母做出承诺。

沟通参考

    妈妈，谢谢您一直陪我做作业，我需要您帮我重点解释一下这部分内容。下次我会提前预习，尽量不让您这么费心。

成长的天空

当我察觉到妈妈因为作业问题而生气时，我的心里顿时紧张又委屈。我思考怎样才能让妈妈理解我的困难，同时又不让她觉得我不够努力。后来，我决定主动表达自己的困惑和需要。妈妈后来应该是看到了我在努力尝试，也期待她的耐心指导，于是，她的语气开始缓和，我也松了一口气。我想，沟通真是互相理解的桥梁，只要我诚恳表达、积极寻求解决之道，就能和妈妈一起解决问题。这次经历，让我学会了在压力之下如何用平和的心态和有效的方法与妈妈沟通，我感觉和妈妈的关系也因此变得更加亲近了。

知识分诊台

情绪调节要求我们在激动或者不开心的时候，能够平静下来。当我们在生气或者难过的时候，如果能够先让自己冷静下来，再和别人说话，就能把自己的想法表达得更清楚，别人也更愿意听我们说。如果我们带着情绪说话，可能会说出一些不是真心想说的话，这样会让别人感到困惑或者伤心。但是，如果我们能够先调节好自己的情绪，用平和的语气交流，就能更好地解决问题，也能避免不必要的误会。

情绪调节能够帮助我们更好地与人沟通，从而避免误会，解决冲突。当我们学会控制自己的情绪，我们就能成为更成熟、更稳重的人。

05 怎么回应爸妈对我学习不努力的误会

妈妈

涛涛

情景小舞台

妈妈，期末考试成绩单发下来了，这次没上次考得好。

怎么退步了？是不是最近没好好学？

我有努力的，但这次题目难，很多同学都这样。

别人都能进步，为什么就你退步？

我……我已经尽力了，妈妈。

尽力？我看你是没把心思放在学习上。

不是的，我每天都有认真复习。

那你解释一下，为什么会这样？

如此沟通

一、情绪共鸣与冷静表达

面对妈妈的责怪，涛涛内心其实很委屈。他深吸一口气，努力保持冷静，他知道情绪激动只会加剧矛盾。他用平和的语气回应妈妈："妈妈，我能理解您现在的心情，我明白您是因为关心我才会这么着急，我这次确实没考好，我也很难过。"涛涛试图去理解妈妈的立场和感受，同时也表达了自己的感受。

二、事实呈现与自我反思

接着，涛涛没有急于辩解，而是以事实为依据，进行自我反思。"妈妈，我每天都在按时复习，但这次考试难度确实加大了不少，而且我发现我在某个知识点上掌握得不够牢固。"涛涛边说边拿出了自己的笔记和错题本，展示给妈妈看。涛涛使用了"事实呈现"的策略，让妈妈直观地看到他的努力和遇到的问题。同时，涛涛承认了自己存在的不足，显示出成熟和自省的态度。

三、解决方案与未来规划

最后，涛涛提出了具体的解决方案和未来的学习计划。"妈妈，您能帮我一起制订学习计划，监督我执行吗？"涛涛运用了"问题解决"技巧，不仅展现了解决问题的积极态度，还通过"未来规划"让妈妈看到他的决心和具体行动，同时也邀请妈妈参与到自己的学习生活中，增强了母子间的合作感和信任度。

沟通方式 1 情绪共鸣 + 理解确认 + 自我反思

首先，通过表达对对方情绪的理解和共鸣，建立起沟通的桥梁；然后确认对方的感受；最后通过自我反思展现自己的责任感和解决问题的意愿。

沟通参考

妈妈，我知道您可能是因为我成绩下滑而担心，我理解您是希望我能够一直进步。我也在反思，是不是自己某些学习方法不够高效。

沟通方式 2 事实陈述 + 困难点说明 + 解决策略提及

直接陈述已采取的努力和面临的客观困难；接着指出具体的学习难点；最后提出自己己有的或计划中的解决策略，表明自己在积极寻找出路。

沟通参考

妈妈，实际上，我每天都在按照计划学习，但这次考试确实遇到了一些超纲题目和我没掌握牢固的知识点。我打算找老师请教，并额外练习这些问题。

成长的天空

当我鼓起勇气，用平和的心态与妈妈沟通我的考试情况时，心里其实很忐忑。我先是试着理解妈妈的担忧，告诉她我明白她的期望。接着，我诚实地讲述了自己面对的难题，以及我未曾松懈。当我提出要和妈妈一起制订新的学习计划，我看到她眼中的责备转为鼓励时，一股暖流涌上心头。那一刻，我意识到，坦诚与合作远比逃避更能拉近彼此的距离。虽然成绩不理想让我沮丧，但妈妈的理解和支持让我重燃了斗志，我知道，只要我们共同努力，下一次，我一定能做得更好。

知识分诊台

当家长误会我们时，学会情绪管理特别重要。因为如果我们带着生气或伤心的情绪去说话，可能会让事情变得更糟，家长也不容易理解我们。冷静之后，我们可以和家长好好沟通，用平和的语气告诉他们发生了什么，我们为什么会那样做。这样家长就能更好地听我们解释，也能明白我们的想法。

通过情绪管理和有效沟通，可以减少我们和家长之间的误会，促进彼此间的理解。这样做不仅能够帮助我们解决问题，还能让家长看到我们成熟的一面，知道我们愿意用正确的方式表达自己和处理问题。

06 怎样和妈妈交流亲情的淡薄

妈妈，为什么我们家的亲戚平时见不到人，一到吃饭就来呢？

小西，他们可能忙，来往少了，所以显得生疏了。

可我感觉不到他们的真情，他们每次来都是为了蹭饭。

可不能这么说，叔叔婶婶、舅舅舅妈他们都是我们的亲人。

我觉得还不如邻居阿姨呢！

也许他们有他们的难处。

可这样的亲情似乎没了意义，我不喜欢这样。

小西，血浓于水，我们需理解体谅。

我该怎么做，心里好别扭。

如此沟通

一、情感共鸣与表达想法

这天，小西告诉妈妈："妈妈，我有时候觉得家里的叔叔阿姨们，除了节日外很少和我们交往，所以每次有些亲戚来家里，我心里就不舒服。我想这可能是我的问题，但我也想了解为什么会这样。"

二、具体事例与情感分享

之后，小西又跟妈妈说起上次的事，"就像上次我生日，我只收到了您的祝福，很少有亲戚记得。他们来吃饭时是很热闹，但是亲情不只是聚会的时候才重要吧？我有时候会想，如果他们是真的关心我们，为什么平时都不怎么问候呢？这让我有点难过。"

三、提出建议与寻求解决

妈妈对小西说："大人们平时的工作都很忙，所以可能就没有时间顾及你这样的小朋友了。"小西试着理解妈妈的说法，于是提议道："妈妈，我觉得我们可以尝试邀请亲戚们来家里玩，不仅仅是节日的时候。或者，我们也可以主动去他们家玩，看看是不是大家都忙，所以联系少了。我希望家是个温馨的地方，每个人的到来都是因为真的关心彼此，而不只是一种习惯。您觉得呢？"

妈妈　　小西

沟通方式 1 个人感受 + 具体原因 + 委婉提议

先诚实地传达个人感受；同时说明产生这种感受的具体原因；并提出自己的期望或解决方案，既直接又不失尊重。

沟通参考

妈妈，我感到有点失望和孤独，因为我觉得有些亲戚只是在聚会时才出现，平时没有真正地关心我们。我希望我们和亲戚多相处。

沟通方式 2 举例陈述 + 个人情绪体验 + 提出意见

先举实例；指出具体行为对其情绪的影响；而后提出建设性的改进意见，促进问题的解决。

沟通参考

妈妈，当那些亲戚只在吃饭时才来家里时，我感觉到自己被忽视了。可能我们可以尝试邀请他们日常多来家里玩，增进彼此了解。

成长的天空

当我鼓起勇气，跟妈妈说出我对亲戚们的感受后，心里其实挺忐忑的。我担心妈妈会觉得我太小心眼或是不理解大人世界的复杂。但是，当妈妈认真听我说完，还点头表示理解我的感受时，我心里那块石头终于落地了。妈妈说，每个人表达爱的方式不同，可能那些亲戚有他们的难处。虽然我还不完全明白，但心里舒畅了些。我学会了，有问题就要用合适的方式说出来，这样才能解决问题，也让自己心里不会憋着难受。这次沟通，让我成长了一点，也让我对亲情有了新的看法。

知识分诊台

如何在沟通中建立情感共鸣？我们可以通过分享具体的事情来建立情感共鸣，这可以让对话的另一方更好地理解我们的经历和感受，还能激发他们的同情心，从而帮助我们之间建立信任和更深层次的联系。当我们愿意分享自己的具体经历和情感时，别人也会打开心扉，和我们分享他们的故事。

总之，当我们和别人沟通时，不要忘了表达自己的感受，这样别人能更好地理解我们，我们也能获得更多的朋友和帮助。

情景小舞台

爸爸，小明有本新漫画书，我也想要。

你现在要专心学习，漫画以后再说。

可是爸爸，偶尔放松也重要吧？

学习不能分心，课外书少看为好。

我保证不影响学习，就当奖励行吗？

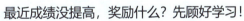
最近成绩没提高，奖励什么？先顾好学习！

那我努力学习提高成绩，之后您能给我买一本吗？

成绩进步了，我们再谈。

如此沟通

一、建立共鸣与理解

乐乐选择了一个爸爸比较空闲的下午，找到爸爸，开始轻声细语地说："爸爸，我知道您一直希望我能有好成绩，我也在非常努力地学习。记得您以前也说过，多读书可以增长见识，对吧？其实，我想买的这本漫画书，不仅有趣，还能培养我的阅读兴趣和想象力呢。"

二、提出解决方案与承诺

见爸爸似乎有所动容，乐乐接着说："爸爸，我可以向您保证，如果买了这本书，我会在完成所有作业之后再看，而且，我还会写一篇读后感，这样既能保证不影响学习，又能享受阅读的乐趣。您看行吗？"

三、强调正面影响与期待

最后，乐乐满怀期待地补充道："这本漫画书里有很多创意和正能量的故事，我相信它们能够激发我的创造力和提升我解决问题的能力。爸爸，您给我买这本漫画，也是在支持我的全面发展，您说是吗？"乐乐的话不仅表达了自己对漫画书的渴望，还展示出成熟理智的态度，以及平衡兴趣与学业的决心。

乐乐　　　　　　　　　　爸爸

沟通方式 1 　认同感受＋表达需求＋提出解决方案

　　首先认可对方的观点或感受，建立情感上的共鸣；再明确而礼貌地表达自己的愿望或需求；最后给出具体可行的方案，解决对方的顾虑。

沟通参考

　　爸爸，我明白您担心看漫画会影响我的学习，这是为我好，我非常感谢您的关心。但这本漫画书是我真的很感兴趣的，看漫画也是一种放松的方式。我计划每天完成所有作业后，只在睡前阅读半小时，绝不影响学习和休息，您看这样可以吗？

沟通方式 2 　共同目标＋个人成长＋实际利益

　　先强调双方都认同的目标或价值；再说明所求之物如何促进个人能力或兴趣的发展；最后指出行动带来的直接或间接的好处。

沟通参考

　　爸爸，我们都知道学习很重要，但全面发展对一个人的成长同样关键。漫画书不仅让我放松，还能激发我的想象力和创造力，帮助我在写作和表达上有更多灵感。而且，通过分享书中的故事，我能与朋友建立更紧密的联系呢。

成长的天空

当鼓起勇气与爸爸交谈后，我感到一种前所未有的成就感。不只是因为得到了想要的漫画书，更重要的是，我学会了如何用成熟和理性的方式去沟通，去理解和尊重他人的观点，并表达自己的需求。这次经历像是一次小小的胜利，它让我意识到，很多时候，问题的解决不仅仅是达到目的那么简单，更在于过程中的相互理解与支持。未来无论遇到什么分歧，我都相信，只要用心沟通，就没有跨不过的坎。这种成长的感觉，比手中的漫画书更加珍贵，让我内心充满了力量和期待。

知识分诊台

用成熟理性的方式进行沟通，能更好地让我们的想法被理解。当我们想要做某件事时，可以先分析做这件事的好处，以此说服别人。这样做的好处是，别人会觉得我们考虑周全，而不是一时冲动。通过展示我们的想法是经过深思熟虑的，来赢得他人的信任和支持。此外，成熟理性的沟通还能帮助我们建立更好的人际关系。当我们用合理的理由说服别人，而不是哭闹或发脾气时，别人就会更尊重我们的意见，也更愿意和我们合作。这样的沟通方式对我们的长远发展非常有益。

怎样向爸妈解释我对某事物不感兴趣

情景小舞台

 丽丽，妈妈给你报了周末的油画班，以后可以学画画啦！

好的，妈妈。

 是不是很开心？油画可美了，能画出好多颜色呢！

可是，我更喜欢画漫画呢……

 油画也很有趣啊，先试试看嘛，你会喜欢上的。

 可是我怕画不好。

 有老师教不怕，妈妈也相信你能行！

 好吧。

如此沟通

一、建立情感共鸣

丽丽选择了一个妈妈看起来心情不错的时候，开始了话题："妈妈，我最近发现您在工作之余还坚持画画，真的好厉害。"接着，她小心翼翼地对妈妈说："妈妈，我也在想，是不是每个人都有特别喜欢做的事情呢？就像您爱画画一样。"

二、表达个人兴趣与担忧

接着，丽丽鼓起勇气，决定更深入地表达自己："妈妈，其实我一直有个小秘密想和您分享。我知道您给我报了油画班，是希望我能全面发展，我非常感激。但是，我发现我感兴趣的是漫画，每次接触这些，我都感到特别满足。"丽丽边说边观察妈妈的反应，内心依旧有点忐忑。

三、提出解决方案，寻求支持

见妈妈并未责备她，丽丽正式提出了自己的想法："妈妈，我想了很久，也许我们能调整一下课外活动的安排，让我尝试参加漫画小组，或许会更适合我。我希望我的学习和成长能让您感到骄傲，同时也让自己快乐。"妈妈看到丽丽的坚持，最终决定尊重她的意见，不再让她去学油画了。

沟通方式 1 观察 + 感受 + 需要

首先客观地描述一个具体的情景或行为；避免指责对方，再向对方表达个人因这一情景或行为产生的感受；最后说明自己的内心需求或期待的改变。

沟通参考

妈妈，我注意到您给我报了油画班，我感到有点担心和不安，因为我其实更喜欢画画时的感觉，用水彩笔或者铅笔更能让我享受创作的乐趣。

沟通方式 2 正面肯定 + 个人偏好 + 寻求共识

首先肯定对方的好意或初衷；再清晰地表达自己的兴趣或偏好；最后提出一个双方都可以接受的解决方案。

沟通参考

妈妈，谢谢您想帮我培养艺术细胞，我知道您是为了我好，但我发现自己对油画不是很感兴趣，相比之下，我更喜欢素描，我们能不能试试找一个素描班，或者在家里多给我一些自由绘画的时间呢？

成长的天空

　　我终于鼓起勇气和妈妈聊了自己的真实想法，心中像是卸下了千斤重担。谈话前的我，心里就像堵着一团乱麻，油画不是我热爱的东西，我提不起一点兴趣。在我表示更想学漫画这件事后，妈妈表示了理解，还告诉我做自己喜欢的事情最重要。那一刻，我的世界仿佛一下子亮堂起来，原来，表达自己的真实感受并没有那么难。我也明白了，沟通是一座桥梁，它连接着彼此的心，让我学会了勇敢与真诚。这份释然和快乐，比任何一幅油画都要绚烂多彩。

知识分诊台

　　情感共鸣很重要，它可以帮助我们体会别人的感受，从而更好地理解他们，和他们建立更深的联系。

　　通过情感共鸣，我们能与他人产生友谊，并且这样的友谊更加牢固。当我们对朋友的快乐或悲伤表示共鸣时，他们会感到被关心和支持，这会让他们的心情变得更好。同时，别人也会更愿意和我们分享他们的感受。此外，情感共鸣还能帮助我们更好地解决冲突。当我们能够从别人的角度看待问题时，我们就能更公平地处理事情，找到让大家都满意的解决办法。

　　所以，记得要用心去感受别人的情感，这样，我们就能成为更有同情心和理解力的人。通过情感共鸣，我们可以一起创造一个更加和谐、友好的环境。

 情景小舞台

 彤彤，期末近了，多做题，别贪玩。

 爸，我每天都复习到很晚。

 努力就好，上次成绩不理想啊。

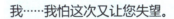 我……我怕这次又让您失望。

 怕什么，认真学习就不会差。

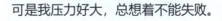 可是我压力好大，总想着不能失败。

 有压力才有动力嘛，别想太多。

 可我怕再被批评，晚上都睡不好。

如此沟通

一、营造安全沟通氛围

晚饭后，客厅里弥漫着温馨的灯光，彤彤鼓起勇气，决定找爸爸谈谈。她选择了一个大家都比较放松的时刻，轻声说："爸爸，能和您聊聊吗？我最近在准备期末考试，感觉压力特别大。我注意到，每次提到成绩，自己就变得很紧张，其实这也很影响我的复习心态。"

二、具体表达感受与需求

感受到爸爸在耐心倾听，彤彤继续深入："我真的很想考好，但有时候担心万一没达到预期，您会失望。这样的担心让我晚上都睡不好觉，复习时也总是分心。"她举了几个具体例子，比如昨晚复习数学时因为过于焦虑，连简单的题目都做错了。接着，彤彤告诉爸爸："爸爸，我希望无论成绩如何，我们都能一起分析原因，而不是只有批评。那样我会更有动力去改进。"

三、共同探索解决方案

看到爸爸若有所思的表情，彤彤趁热打铁，提出了建设性的想法："我们可以一起制订一个复习计划，每天固定时间学习，剩下的时间用来放松。如果我遇到其他问题，我们可以一起解决，而不是等考完再说。"她还建议爸爸，在她复习期间减少对成绩的直接询问，转而关注学习过程中的进步和努力。彤彤补充道："我相信，有了您的支持和理解，我会更加自信地面对考试。"

爸爸

彤彤

沟通方式 1 **个人感受 + 阐明原因 + 提出期望**

　　首先要清晰地传达个人感受；阐明原因；提出期望的解决方案，避免直接指责。

沟通参考

　　爸爸，我感觉最近压力很大，因为担心期末考试成绩不好会被批评，我希望我们能一起找到方法，让我在放松的环境下学习。

沟通方式 2 **分享感受 + 提出建议 + 寻找解决方案**

　　先告知对方其行为对自己情绪的影响；并提出建设性建议；最后鼓励双方共同寻找解决方案。

沟通参考

　　爸爸，当您特别强调成绩时，我感到很紧张，可能我们可以一起设定一些实际的学习目标，会让我更有动力。

成长的天空

　　我跟爸爸沟通了最近自己压力特别大这件事后，我的心头仿佛卸下了一块大石头。我第一次真真切切地感受到爸爸是理解我的，他也能看到我的努力和进步，最主要的是，他能认可我的努力，这是我没有想到的，我一直以为爸爸只在乎成绩。我的心中充满了感激，我感受到爸爸对我的那份爱——就是无条件的支持与理解。这份安全感和力量，将伴随着我勇敢地迎接每一次考试，乃至人生的每一个难关。

知识分诊台

　　在我们和别人交谈时，给出具体的反馈非常重要。当我们的回应具体而明确时，对方就能清楚地知道我们的想法和感受，这样的交流才更加真诚和有效。

　　具体反馈之所以重要，是因为它能帮助我们建立信任和理解，让处于沟通中的人能够看到彼此内心最真实的想法。此外，具体反馈还能帮助我们更好地解决问题。在讨论问题时，如果我们能具体指出问题所在，或者提出具体的建议，就能更快地找到解决办法。

　　总之，具体反馈在沟通中起着至关重要的作用。它不仅能让我们的对话更加深入和有意义，还能帮助我们建立更紧密的关系，解决问题，以及享受更愉快的交流体验。所以，无论是表扬、批评还是讨论，都记得给出具体、真诚的反馈吧。

10 我很心烦妈妈的唠叨，怎么办

 珊珊，放学了啊！今天作业多吗？在学校里怎么样？记得喝水没？

珊珊，您问了好多个问题，我先回答哪一个？

 宝贝，我是担心你忘记嘛，孩子要养成好习惯。

我知道您是为我好，可是每次都这样，我有点儿心烦。

 心烦？是不是学校有啥事？跟妈妈说说。

没有啦，就是感觉整天被催，透不过气。

如此沟通

一、情感共鸣与表达

在一个宁静的傍晚，珊珊鼓起勇气，决定与妈妈进行一场心贴心的对话。她靠近妈妈，轻声说道："妈妈，我想和您谈谈我最近的一些感受。"珊珊继续说："我注意到您总是提醒我做这个、做那个，我知道这些都是为了我好，但是我有时候会感到有点儿心烦，甚至有些不开心。您能理解我的感受吗？"珊珊尝试着让妈妈站在她的角度思考问题。

二、具体实例与我信息

接着，珊珊举了几个最近发生的小事："比如说，早上刚起床您就连续提醒我要快点穿衣、刷牙、吃早饭，虽然我知道您是怕我迟到，但那种紧迫感让我感到压力很大。"珊珊还补充道："当我玩游戏稍微久了一点，您就会反复说'该学习了'，我理解您关心我的学习，但这也让我玩的时候也不能完全放松。"

三、共同寻找解决方案

妈妈听后，有些内疚地说："珊珊，妈妈明白了，是我太过紧张了，以后我会尽量控制，给你更多的自由空间。珊珊接着说："我们可以试试制订一个日常任务清单，我自己来管理时间，完成一项就打个钩，这样您不用一直提醒，我也能学会自我管理。"妈妈赞同地点点头："这个主意不错，我们还可以每周开个小会，看看哪里做得好，哪里需要改进。这样既能保证你的自主性，也能让我放心。"

珊珊　　　妈妈

沟通方式 1 肯定对方 + 表达感受 + 提出期望

先以肯定的话语认可对方的出发点；接着表达自己的真实感受；最后提出对未来的期望或建议，以此促进理解与共鸣。

沟通参考

妈妈，我知道您经常提醒我是因为关心我，但有时候我感到有点儿心烦和压力大。我希望我们能一起找到更好的方法，让我学会自己管理时间。

沟通方式 2 分享感受 + 提出建议 + 寻找解决方案

先指出具体引起不适的事件，说明它对自己产生的实际影响；然后提出一个或多个替代的解决方案；旨在解决问题而非指责。

沟通参考

妈妈，就像今天早上，您不断催我吃早餐，让我出门时的心情变得很紧张。我们可以提前定个闹钟，让我自己负责按时完成早晨的事情，您觉得怎么样？

成长的天空

　　这次沟通结束后，我心中有一种前所未有的轻松感。起初，我真的很忐忑，害怕我的话会伤到妈妈的心，毕竟我知道她的唠叨全源自对我的爱与关怀。当我鼓起勇气跟妈妈表达自己的感受时，我紧张得手心都冒汗了。我讲述了那些让我感到压力的时刻，尝试从妈妈的角度理解她的担忧，同时也分享了我渴望独立和自我成长的心情。没想到，妈妈不仅没有生气，反而认真倾听了我的每一句话，并且承诺会给我更多空间。那一刻，我深切感受到了沟通的力量，它像一座桥，连接了我和妈妈的心，让我们的距离更近了。

知识分诊台

　　非暴力沟通是一种友好的交流方式，它让我们可以用一种非常友善和尊重的方式与别人交流。这种沟通方式鼓励我们说出自己的感受，而不是责怪别人，比如可以说"我感到很伤心，因为……"而不是说"你让我伤心了"。进行非暴力沟通，首先要注意倾听对方的话，不打断，然后用心地理解他们的意思。当我们回应时，可以说出自己的感受和需要，而不是批评或指责。

　　非暴力沟通能帮助我们建立更和谐的人际关系，减少争吵和误解。当我们用这种方式交流时，别人更可能理解我们的感受，并尊重我们的需求。

 外婆，您最近好像总在研究新食谱呢。

是呀，小娟，这是养生秘方，对身体好！

 听起来真神奇，您是怎么知道这些秘方的呀？

朋友推荐的，说是老祖宗传下来的智慧。

 外婆，您相信这些秘方真的有效吗？

当然了，自然疗法，比吃药强多了。

 可是……

如此沟通

一、情感共鸣与共享兴趣

小娟知道，外婆之所以热衷于养生秘方，很大程度上是出于对家人健康的关心。因此，她决定首先从情感共鸣入手，与外婆共享对健康生活的兴趣。"外婆，我发现您最近对养生真是越来越上心了，每天都有新秘方呢！我也开始对怎样保持身体健康感到好奇了。咱们一起研究研究，怎么样？"小娟微笑着说道。

二、引入科学信息，温和引导

在建立了共同探索的氛围后，小娟决定以温和且不失尊重的方式引导外婆重新评估那些养生秘方的可信度。"外婆，我在学校图书馆看了一些关于健康的书籍，里面说要均衡饮食才最重要。您看，这个秘方里提到的要大量食用的某种食物，书上说可能并不适合所有人呢。"小娟边翻着书边耐心解释道。

三、共同决策与实践

经过前两步的铺垫，小娟提出一起制订一个合理的健康计划："外婆，不如我们一起制订一个健康食谱计划吧！把您的养生秘方中安全有效的，比如多吃蔬菜水果，和我学到的科学的知识结合起来。您看怎么样？"小娟提议道。

小娟　　　　外婆

沟通方式 1　肯定 + 询问 + 分享

　　首先肯定对方行为背后的善意或目的；接着提出开放式问题引发思考；最后分享相关信息或个人见解。

沟通参考

　　外婆，您这么注重养生，真是为我们着想呢！您觉得这些秘方中最有效的是哪个？我在学校健康课上学了一些营养知识，想和您一起看看哪些方法既科学又实用。

沟通方式 2　情感共鸣 + 科学依据 + 共同决策

　　先建立情感上的共鸣，表达对对方的关心和理解；然后提供科学依据来支持自己的观点；最后邀请对方共同参与决策过程。

沟通参考

　　外婆，我能理解您想让我们都健健康康的心情。实际上，医生也说均衡饮食和规律生活最重要。咱们一起看看医生怎么说，选几个方法试试，您觉得怎么样？

成长的天空

　　刚开始，我确实不知道如何与外婆沟通才能既不伤害感情又能让她理性看待那些养生秘方。采用倾听、共情和引导的方式，我慢慢发现外婆其实非常乐意接受新的信息，特别是当我们一起讨论时，她眼里的光芒让我感受到她对生活的热爱和对我们共同探索健康问题的喜悦。我意识到，真正的沟通不仅仅是说服，更是理解与尊重。我学会了如何以柔和而坚定的方式表达我的关心，更重要的是，这段经历让我们祖孙之间的情感纽带更牢固，让我懂得了智慧与爱并无不能共存的理由，也无对立或矛盾。

知识分诊台

　　与老年人沟通时，积极倾听和合理关切非常重要。积极倾听就像是用我们的耳朵和心去拥抱他们说的每一个字，让他们知道我们真的很在乎他们说的话。这样做能让他们感到被尊重和珍视。同时，合理关切表现在我们对他们的身体健康和情绪状态的关心，比如问问他们"今天感觉怎么样？"或者"需要我帮忙吗？"，这样做不仅能让老年人感到温暖和被爱，还能帮助我们更好地了解他们的需求，从而给予适当的帮助和支持。

　　总之，与老年人沟通时，记得要耐心倾听他们的话，并给予他们关心和爱护。这样，我们不仅能让他们感到快乐，也能让自己成为一个更有爱心和同情心的人。

奶奶与妈妈吵架，我能做什么

情景小舞台

 小芳，我有点难过，能和你说说话吗？

当然可以，小红，出什么事了？

 我奶奶和妈妈今天吵架了，声音好大。

啊，这样啊，她们为什么吵架呢？

 因为做饭的小事，但感觉她们都很生气。

那你现在心情怎么样？是不是很担心？

 是的，我很担心，也觉得家里气氛怪怪的。

别太难过，家人之间有时会闹点小矛盾，过后会好的。

如 此 沟 通

一、倾听心声，理解情感

小红先找到正在房间里默默整理衣物的奶奶，轻声细语地问："奶奶，您还好吗？刚才的事，您愿意跟我说说吗？"奶奶叹了口气，眼神柔和下来，开始讲述自己的委屈和不被理解的苦楚。小红耐心地听着，时不时点头，用简单的话语表达同情，如："奶奶，我能理解您的心情，您辛苦了。"

二、搭建桥梁，传递心意

了解了奶奶的心事后，小红没有立即去找妈妈，而是思考如何把奶奶的情感准确无误地传达给妈妈，同时又不让妈妈感到被责备。晚餐时，小红拉着妈妈的手，开口说："妈妈，我刚刚和奶奶聊了聊，其实她特别希望咱们家和和睦睦的，她做的每顿饭都是想让咱们吃得开心。"小红又适时加上一句："奶奶也提到了，那天是因为她身体不太舒服，所以饭菜口味可能没掌握好。"

三、共同回忆，激发共鸣

晚饭后，小红提议全家人一起看旧照片，她特意挑选了一些妈妈和奶奶一起拍的欢乐的照片。"看，妈妈和奶奶那时候多开心，记得妈妈说过那次野餐中，奶奶做的便当最好吃。"小红笑着说道。随着回忆的流淌，妈妈和奶奶的眼神中逐渐又有了往日的温情，最终，两人相视一笑，仿佛所有的不愉快都随风而去。

沟通方式 1 倾听理解 + 情感共鸣 + 正面反馈

首先全神贯注地倾听对方的观点和感受，通过语言或肢体动作展现你正在理解并能感受到对方的情绪；接着建立情感上的共鸣，寻找共同点或相似经历以拉近心理距离；最后给予正面的反馈，认可对方的感受或行为，鼓励开放交流。

沟通参考

奶奶，您为我们家付出这么多，有时候我们可能忽略了您的感受。我记得小时候您给我讲故事的事，那种温馨的感觉我一直记在心里，咱们家的幸福氛围是您一手营造的。您做的每顿饭，都是爱的味道，我们都感激您。

沟通方式 2 情景重现 + 情绪缓冲 + 解决方案提议

温和地描述发生冲突的具体情境，避免指责，为接下来的对话创造安全的氛围；接着用温柔的语言缓冲紧张情绪，减少对立感；最后提出建设性的解决方案或建议，鼓励双方思考和接受。

沟通参考

妈妈，我记得那天奶奶做饭时确实看起来有些疲惫，可能影响了味道。我知道您也是为了我们能吃上健康美味的饭菜，才会那么在意。或许我们可以一起帮奶奶准备饭菜，这样，既能让奶奶轻松些，也能享受一起做饭的乐趣，您觉得呢？

成长的天空

当我看到妈妈和奶奶在看完旧照片后，嘴角不经意地上扬，彼此的眼睛中再次闪烁着理解和宽容的光芒，我的心里涌动着一股暖流。我意识到，尽管我只是个小学生，但我有能力通过沟通，为我深爱的家庭带来和平与和谐。一开始，我害怕自己的尝试可能会无效，甚至让情况变得更糟，但当我真正倾听她们的心声，尝试站在她们的角度去理解问题，我发现她们其实都很好沟通。真正的沟通不仅是言语上的交流，更是心灵的触碰，是用爱去感化，用理解去包容。

知识分诊台

当两方吵架时，作为第三方的我们，帮助他们进行情绪缓冲很重要。比如，在他们生气的时候，给他们一些温暖和美好的东西，让他们的心情慢慢平复。我们可以提醒他们过去的快乐时光。用过去正面的回忆来缓和他们的情绪，帮助他们从愤怒中走出来，重新找到彼此间的联系。这样，他们就能用更和谐的方式交流，从而共同解决问题。

总之，当两方吵架时，我们作为第三方，可以通过唤醒过去的美好回忆，肯定对方的感受，以及使用积极平和的语言来帮助他们产生情感共鸣等方式，来缓解他们的紧张情绪。这样做可以让他们的关系得到修复，进而一起找到和平解决问题的方法。

 妈妈，我不喜欢见到姨妈，怎么办？

为什么不喜欢姨妈呢，宝贝？

 她说我成绩不好，还总爱比较。

她可能是想你更好，但方式不对。

 怎样做？我不想听她唠叨。

学会微笑，不必在意每个批评。

 那我该怎么说呢？

可以说"谢谢关心，我会努力的"。保持礼貌很重要。

如此沟通

一、倾听心声，理解情感

周末，家庭聚会，当姨妈开始旧事重提时，小芳决定尝试新学的沟通技巧——积极倾听。姨妈说："小芳啊，最近学习怎么样？听说上次数学没考好，得加油哦！"小芳深吸一口气，微笑着回答："谢谢姨妈关心，我确实还在努力中。您以前读书时有什么好方法吗？"姨妈一愣，随即展开了关于自己学生时代的回忆，气氛缓和了许多。

二、搭建桥梁，传递心意

谈话中，姨妈又开始不自觉地将小芳与其他孩子比较。小芳意识到，这时候需要温柔而坚定地设立界限。小芳适时打断姨妈说："姨妈，我知道您是希望我更好，但我更想专注于自己的进步，而不是总和别人比较。每个人都有不同的步调，对吗？"姨妈似乎意识到了什么，点了点头，没有再继续这个话题。

三、转移话题，引导对话

为了不让气氛尴尬，小芳决定主动引导对话走向更轻松愉快的方向。"姨妈，我记得您说过喜欢园艺，您的花园现在一定很美吧？"小芳的这个问题既展示了对她姨妈个人兴趣的关注，也成功地将话题引向了更加积极和具有建设性的领域。姨妈眼睛一亮，立即打开了话匣子，开始分享她的园艺心得。

沟通方式1 肯定 + 转移 + 询问

　　首先肯定对方的关心或对对方的意见表示尊重；然后温和地将话题转移至其他方面；最后用开放式的问题鼓励对方分享，从而改变对话方向。

沟通参考

　　谢谢姨妈关心，我确实在努力。我也想向您请教，您小时候是怎么克服难题的呢？

沟通方式2 感受 + 界限 + 请求

　　首先诚实地表达自己的感受；接着清晰而礼貌地设立个人界限；最后提出一个具体的、正面的交流请求，引导对话向建设性方向发展。

沟通参考

　　姨妈，每次被比较时，我其实会感到有点压力。我们能聊些彼此的兴趣和快乐的事吗？

成长的天空

当我尝试用新学的沟通技巧与姨妈交流时，心里其实紧张得像揣着一只小兔子。一开始，我按照计划先用微笑回应了她的关切，虽然心里有点忐忑，但看到姨妈因为我的提问而转换了话题表情，开始分享她年轻时的学习故事，我内心的紧张悄悄减了几分。那一刻，我意识到，原来换一种方式表达，真的能让气氛变得不一样。那种因为有效沟通而带来的和谐氛围，让我觉得既温暖又自豪。原来，沟通不仅仅是说话，更是心与心的连接。这次经历，让我学会了如何在保持自尊的同时，也尊重他人，我感觉自己好像成长了一点。

知识分诊台

在人际交往中，设定边界很重要。边界感让我们知道什么可以做，什么不可以做，也让别人知道怎样和我们相处会让我们感到舒服。如果我们没有设定边界，在与他人的交往中，可能有时会感到不舒服或者被侵犯，所以我们需要清楚地告诉别人我们的边界，比如说"请不要乱动我的东西"，别人就会尊重我们。

设定边界的好处是，它能帮助我们保护自己，避免受到伤害。同时，它也能让人们之间的关系更健康，因为当我们尊重别人的边界时，别人也会尊重我们的。

 情景小舞台

 妈妈，这次考试我没考好，怎么办呀？

没事，宝贝，重要的是努力的过程。如果遇到亲戚问起，要诚实。

 可我不敢说，怕他们嘲笑。

说真话能展现你的勇气。你可以这样回答："这次考得不理想，但我正在努力改进。"

 如果他们还要继续问呢？

你就告诉他们："我在分析错题，以后会做得更好。"

如此沟通

一、诚实开场，展现自我认知

春节期间，亲戚们围坐一起，谈笑风生。小华心里有些忐忑，因为自己的成绩并不理想。这时，阿姨关切地问："小华，这次期末考试怎么样啊？"小华用平和而诚恳的语气说："阿姨，这次考试我有几个科目没发挥好，成绩不是特别理想。"他没有回避问题，直接而坦诚的回答让在场的人都感受到了他的真诚。

二、积极转述，分享成长计划

阿姨听后，正欲开口安慰，小华却主动接着说："不过，我已经开始找自己的薄弱环节了。妈妈还帮我制订了一个详细的学习提升计划，包括每天额外的阅读时间和数学练习。"小华积极面对挑战的态度，让亲戚们的脸上露出了赞许的笑容。

三、寻求鼓励，展现成长心态

最后，小华微微一笑，补充道："阿姨，我希望下一次能有所进步。您能给我一些鼓励和支持吗？"这句话既表现了他的成熟心态，也巧妙地将话题转向了积极方向，让亲戚们从担忧者转变为积极的支持者。阿姨闻言，拍了拍小华的肩膀，笑着说："小华，你有这样的心态，阿姨相信你下次一定能取得好成绩。"客厅里顿时充满了温暖的气氛。

阿姨　　妈妈　　小华

沟通方式 1　诚实反馈 + 个人反思 + 未来规划

首先诚实地反馈当前的情况；随后表达个人对问题的深刻反思；最后提出具体的改进措施或未来计划，展现积极向上的态度。

沟通参考

这次考试我确实没考好，我分析是因为准备得不够充分，特别是数学部分，所以接下来我计划每天额外做一个小时的数学题，周末参加补习班。

沟通方式 2　承认不足 + 阐述问题 + 表达愿望

正面直接承认不足；然后用积极的方式重新阐述问题；最后向对方表达需要鼓励或具体帮助的愿望，促进正面互动。

沟通参考

确实，我这次的成绩下滑了，但这也让我意识到自己在哪些领域需要加强，我正在制订一个详细的学习计划来弥补这些不足，阿姨，您有什么好的学习方法可以推荐给我吗？

成长的天空

当我鼓起勇气，向阿姨坦白我的考试成绩并不理想时，心里其实很不好意思。但当我看到阿姨并没有失望，反而流露出鼓励的眼神时，那一刻，我仿佛卸下了千斤重担。我意识到，原来，勇于面对不足，并且积极寻求解决之道，不仅能赢得别人的尊重，更重要的是，它让我对自己有了更多的信心。我不再害怕失败，因为我知道每一次跌倒都是为了更好地站起来。这次沟通的经历，让我学会了如何用成熟和积极的态度去面对生活中的挑战，我的内心因此变得更加强大和从容。

知识分诊台

在人际交往中，积极转述就是将可能会让人不开心的话，换成一种更正面、更有帮助的说法。比如，如果有人说"你做得不够好"，用积极转述可以说成："你做得很好，但如果再练习一下，你可以做得更棒。"这样，我们不仅指出了可以改进的地方，还鼓励了对方，让他们有动力去进步。

积极转述不仅能让我们的话语更有建设性，而且还不会伤害别人的感情。当我们用这种方式交流，别人会感到被支持和鼓励，而不是被批评或打击。此外，积极转述还能帮助我们建立更好的关系。因为大家都愿意和那些总是给予正面反馈、帮助自己成长的人在一起。

最近爸妈总吵架，我该对他们说什么

情景小舞台

你最近怎么了？看起来忧心忡忡的。

我爸爸妈妈最近总是吵架，我很害怕。

你去劝他们了吗？

我去劝了，但他们让我不要管大人的事。

我们小孩子确实不太懂大人的事。但他们知道你是怎么想的吗？

这个我倒不知道。

你试着把自己的想法表达一下，让他们了解一下你的心情呢？

好的，我回去试试。

如此沟通

一、选择合适时机

小华注意到爸妈最近总吵架，心里很不是滋味。一天，妈妈在厨房准备晚饭时，小华决定找机会谈谈。他帮忙洗菜，轻声说："妈妈，我能和你说件事吗？"妈妈停下动作，看着他，眼里满是温柔。"当然可以，宝贝。"小华选择了妈妈相对平静的时刻，这有助于减少谈话中的负面情绪。

二、表达真实感受

小华深吸一口气，鼓起勇气说："妈妈，我看到你们最近经常争执，我心里很难过。我知道你们可能有解决不了的问题，但我真的希望家能像以前一样温馨。"小华用了"我怎么样"的语句，避免指责，表达了自己的感受和需求。妈妈听后，眼眶湿润，她紧紧抱住小华，说："对不起，孩子，我们没考虑到你的感受。"

三、寻求共同解决方案

小华感受到一丝安慰，他认真地说："妈妈，我可以做什么来帮助家里恢复平静吗？"妈妈擦干眼泪，微笑着："你能做的就是好好学习。我和你爸爸会试着解决分歧，不让它影响到你。"小华提议："也许我们可以每天设定一个'无争吵时间'，让大家都有放松的空间。"妈妈点头赞同："这是个好主意。"

妈妈

小华

沟通方式 1 情感共鸣 + 提出建议 + 共同决策

首先清晰地表达自己的感受，让对方知道你的内心状态；然后明确说出你希望对方如何行动或改变，以便满足你的需求；最后给出具体的建议或步骤，双方共同找到解决问题的方法。

沟通参考

妈妈，我看到你们最近经常争执，我心里很难过。我希望家能像以前一样温馨。也许我们可以一起制订一些家庭规则，比如每天设一个"无争吵时间"，让大家都有放松的空间。

沟通方式 2 轻松氛围 + 侧面引入 + 提出问题

在对方心情较好或者双方都比较放松的时候开始对话；然后用轻松或者相关的话题引入正题，营造良好的沟通氛围；最后在合适的时机直接而礼貌地提出你想要讨论的问题。

沟通参考

小华在妈妈准备晚饭时帮忙洗菜，并轻声说："妈妈，我能和你说件事吗？我看到你们最近经常争执，我心里很难过。"

当我向妈妈表达了我的感受和担忧后，妈妈的反应比我预想的要温和得多，她的拥抱让我感受到了久违的安全感。我意识到，即使是最亲近的人之间，也需要适时的沟通来理解和彼此慰藉。提出家庭规则的想法得到了妈妈的支持，这让我觉得自己也能为家庭的和谐贡献一份力量。沟通后，我感到一种从未有过的轻松。在成长的旅途中，我仿佛跨越了一个重要的里程碑。我知道，未来的路还很长，但只要我们愿意打开心扉，真诚相待，好好沟通，没有什么问题是解决不了的。

在处理人际关系中的冲突和不满时，积极主动地表达自己的需求和感受非常重要。这样可以让问题得到有效解决，而不是让不满积压成大问题。可以用"我是这么想的"的方式表达自己的真实感受，使别人能更好地理解我们，知道如何帮助我们。积极主动的沟通，还能够防止发生误解。如果我们不说出自己的感受，别人可能不会知道我们为什么不高兴，从而会继续做一些让我们不开心的事情。

总之，当遇到冲突或不满时，要勇敢表达。用清晰、礼貌的方式说出你的感受和需求，可以帮助我们维护健康的人际关系，并找到解决问题的方法。记住，主动沟通是解决人际关系问题的关键。

一分钟沟通技巧

壹品尚唐 编著

贵州大学出版社
Guizhou University Press

· 贵阳 ·

前　言

　　沟通是连接人与人之间的重要桥梁，无论年龄大小，我们都需要通过有效的沟通来表达自我，理解他人。对于孩子来说，良好的沟通技巧不仅能够帮助他们在学习、生活中建立自信，更能帮他们在成长的过程中，塑造健康的人际关系，提升社会适应能力。因此，《一分钟沟通技巧》应运而生，旨在为孩子们提供一套全面、实用的沟通指南。

　　我们在书中设置了 5 个小栏目——"情景小舞台""如此沟通""技巧万花筒""成长的天空""知识分诊台"。在本书中，我们为孩子们搭建了一个模拟现实生活的平台，其通过各种生动有趣的场景，让孩子们了解到现实生活中的沟通难题是什么。 在"如此沟通"部分，我们深入剖析日常沟通中的典型实例，给孩子们展示正确的沟通方式、方法。"技巧万花筒"则是一面展示多元沟通技巧的镜子，涵盖了多方面的沟通技巧，每一种技巧都像一朵独特的花，等待孩子们去发现、欣赏，并将之运用到

日常生活中。"成长的天空"则关注孩子们的情感世界，让他们通过对这次沟通达到的效果进行反思，感悟成长。最后，"知识分诊台"是帮助孩子解答关于沟通疑惑的窗口，我们以知识迁移的形式，帮助他们丰富知识。

需要特别强调的是，沟通不仅是语言的交流，更是情感的传递。因此，本书在讲解技巧的同时，也注重培养孩子们的同理心和情感智慧，让他们懂得用心去感知他人的情绪，用爱去温暖他人的世界。

编写这本书的过程，是我们对儿童教育的深度思考和实践探索的过程。我们希望，每一位阅读此书的孩子，都能从中找到属于自己的沟通之道，用真诚和善良，打开与世界对话之门。同时，我们也期待家长和老师们能一同参与，以开放的心态，鼓励和支持孩子们去尝试，去犯错，去成长，因为沟通技巧的掌握，是一个持续的学习和实践过程。

最后，我们相信，每个孩子都拥有无尽的潜力，只要给予他们适当的引导和机会，他们就能展现出惊人的沟通能力。让我们一起，为孩子们的成长之路铺设一座沟通的桥梁，让他们在交流中发现自我，理解他人，享受快乐，成就未来。

《一分钟沟通技巧》不仅是一本书，更是一个陪伴孩子成长的良师益友。我们期待这本书能像一把钥匙，打开孩子们的心扉，让他们在与世界的对话中，学会尊重，懂得理解，成长为拥有良好社交能力的未来之星。

目 录

公共社交篇

自我提升篇

公共社交篇

情景小舞台

 小西，我有个苦恼，学雷锋纪念日快到了。

 怎么了？有什么需要帮忙的吗？

 我不知道活动时怎么跟别人好好交流，有点紧张。

 嗯，我理解。先想想要做哪些好事吧。

 对，比如去敬老院帮忙，但我怕说话会尴尬。

 其实，爷爷奶奶们很喜欢聊天，问问他们的故事就好。

 听上去不错。

如此沟通

一、温暖开场，建立连接

在敬老院，小明首先来到了张奶奶的房间，轻轻地敲了敲门。"张奶奶，我是小明，今天来陪您聊聊天。"他用温和的声音说道。进门后，小明先观察房间，找到了一张旧照片作为话题的切入点。"这张照片里的地方真美，是哪里呀，张奶奶？"这样的开场白既表现了尊重，又让张奶奶感到被关注。

二、倾听为主，适时反馈

听着张奶奶的讲述，小明展现出了小学生少有的耐心。他坐得笔直，目光专注，时不时点头或是发出"真的吗？""然后呢？"这样的回应，鼓励张奶奶继续说下去。当张奶奶讲到有趣的地方时，小明还会笑出声，表示共鸣。小明的倾听，不仅让张奶奶感受到了被重视，也让整个交流过程充满了温馨和愉快。

三、共享经历，深化情感

聊了一阵后，小明鼓起勇气，开始分享自己学校的一些趣事，比如最近的运动会、学习手工艺的经历等，还拿出了自己的手工作品给张奶奶看。小明发现，当自己愿意打开心扉时，张奶奶也变得更加活跃，甚至讲起了她年轻时类似的经历。他们一起笑着，仿佛时间在这一刻静止了。这次交流，让小明不仅学会了如何与老人沟通，更体会到了跨越年龄的温暖。

小明

张奶奶

技巧万花筒

沟通方式 1 观察 + 兴趣提问 + 倾听反馈

通过细心观察周围的物品或环境；找到可能引起其兴趣的话题进行提问；然后全神贯注地倾听对方的回答，并给予适当的反馈，如点头、微笑或简短的评论，以显示对话题的关注和兴趣。

沟通参考

张奶奶，这幅画画的是哪里啊？看起来很特别，您可以跟我讲一讲它背后的故事吗，我很好奇。

沟通方式 2 共同话题 + 个人分享 + 情感共鸣

寻找双方都可能感兴趣或有共同体验的话题；先从对方的故事开始，再逐渐引入自己的相似经历或感受；以此加深彼此间的情感联系。

沟通参考

张奶奶，我在数学课上也遇到了难题，但最后解决了。我感觉和您当年一样有成就感。

成长的天空

在与张奶奶进行了一番温馨而深入的交谈后，我心中涌动着一种难以言喻的满足感。一开始，我小心翼翼地选择话题，生怕触碰到老人家的敏感之处，听着张奶奶讲述往昔，我不由自主地被那些充满历史感的故事所吸引，适时的赞美让我看到了她脸上洋溢的自豪与喜悦。我意识到，有效的沟通不仅是言语的交换，更是一种心灵的触碰。这次经历，无疑在我心中种下了一颗种子，让我更加坚信，无论年龄多大，只要用心去沟通，总能找到共鸣的桥梁。

知识分诊台

个人分享能帮助我们和别人建立信任和亲密感。当我们愿意分享自己的想法、感受或者经历时，就像是在说："我信任你，我愿意让你了解我。"这样做的好处是，它能够让我们的友谊变得更加牢固。因为当我们分享自己的故事时，别人也会更愿意和我们分享他们的故事，这样大家就能更好地了解彼此。个人分享还能形成正向的沟通氛围。当我们在交流中展现出真诚和开放时，别人能感到舒适和安心，他们也会更愿意加入对话，分享他们的想法。

总之，个人分享是我们与人沟通时的一个重要部分。记得，分享自己的故事，是让心与心更近的一种方式。

小明

小华

情景小舞台

小明，我总被说爱打断他人说话，怎么办啊？

嘿，小华，这事儿得温柔点解决。

我也不想，但话到嘴边就溜出去了。

下次不小心打断了别人，要立刻说声"对不起"。

然后呢？他们还在生气咋办？

诚恳点，告诉他们你在努力改正。

如此沟通

一、即时反应，自我意识与初步道歉

在一次小组讨论中，小华兴奋地打断了一位正在阐述观点的同学。老师轻拍他的肩膀，温和提示："小华，记得让别人把话说完。"小华瞬间意识到自己的习惯问题，他立刻收住话头，眼神诚恳地看向那位同学，轻声说："真的很抱歉，我没有意识到自己打断了你，请继续，我很想听听你的完整想法。"

二、私下交流，深入道歉与表达决心

讨论结束后，小华特意找到刚才被他打断的同学，诚挚地说："刚刚真的很对不起，我知道被打断的感觉不好。我在努力改变这个习惯，你能给我一些建议吗？"通过这种直接且真诚的方式，小华不仅表达了歉意，还展现了改变的决心。

三、公开承诺与实践展示

在接下来的班会时间，小华鼓起勇气，主动站起来向全班同学表达歉意："大家好，我想借此机会，对我之前经常打断大家说话的行为说声抱歉。我意识到这是不对的，从今往后，我会更加注意，尊重每个人的发言权。为了提醒自己，我打算在手腕上戴一个小手环，每次想打断别人说话前就摸一下它作为提醒。希望大家能监督我，帮助我一起进步。"

技巧万花筒

沟通方式 1 开门见山 + 共情表达 + 开放式提问

当意识到自己犯错时，首先快速自我反省并停止不当行为；紧接着，用真诚的语言表达歉意，确保对方感受到你的诚意；最后，邀请被打断的人继续他们的发言，显示尊重与关注。

沟通参考

哎呀，对不起，我打断你了。我没意识到这一点。请你继续，我对你的观点很感兴趣。

沟通方式 2 开门见山 + 个人感受陈述 + 理由阐述

选择合适的时机进行私下的深度交流，单独向受影响的人表达歉意，增加交流的亲密度和诚意；明确请求对方给予改善的具体建议，表明你愿意接受指导；同时，清晰地表达个人改变的决心，增强信任感。

沟通参考

我找你是想再次为我打断你说话的事道歉。你能告诉我，怎样做能更好地倾听吗？我真心想改变，希望你能帮帮我。

成长的天空

当我鼓起勇气，在班会上公开承认自己的错误并提出具体的改正计划时，心里反而安定了。我意识到，勇于承认错误并不可耻，反而是一种成长的勇气。之前的焦虑和自我怀疑逐渐被一种积极向前的动力所取代。我开始想象自己成为一个更好的倾听者，小组讨论中不再有尴尬的中断，只有和谐融洽的交流。我暗暗下定决心，要将这次学到的沟通技巧内化为习惯，不仅在学校，在生活的每一个角落都做一个懂得尊重、善于倾听的人。这份成就感和自我提升的喜悦，让我对未来充满了期待和自信。

知识分诊台

公开认错很重要，它就像是我们给自己和大家一个重新开始的机会。当我们犯了错误，勇敢地承认，这能让大家看到我们的诚实和勇气。这样做的好处是，它能帮助我们得到别人的原谅和理解。因为当我们公开认错时，别人就会知道我们不是故意犯错的，以及我们愿意改正的态度。

公开认错还能让大家更好地监督我们，这样就能确保我们不再犯同样的错误。同时，它也能帮助我们建立他人对我们的信任，因为人们更愿意相信那些敢于承认错误的人。

情景小舞台

 小明，我遇到个问题，好苦恼。

怎么了？小东，说出来听听。

 总有人插队，我在犹豫要不要说。

那挺让人生气的。你后来说了吗？

 没有，我不敢，怕吵架。

嗯，可以理解。其实有礼貌地提醒就好。

 可我不知道怎么说才不惹麻烦。

如此沟通

一、冷静观察，礼貌介入

阳光明媚的下午，学校小卖部门口排起了长队，大家都期待买到心爱的小零食。突然，一位高年级的陌生同学直接插到了小东的前面。小东心里一紧，但他记得小明给的建议，决定先冷静下来。他深吸一口气，礼貌地开口："同学，你好，请问你是刚来的吗？可能你没注意到，我们都在这里排队呢。"小东的话语温和而坚定，没有指责，只是陈述事实。

二、表达感受，寻求共识

高年级同学脸上闪过一丝惊讶。小东继续说道："我等了很久了，如果大家都不排队，那队伍就会乱掉，对吧？"他用上了共情的技巧，试图让对方理解自己的立场，同时也暗示这样做对大家都不公平。周围的同学也开始投来关注的目光。

三、提出解决方案，友好化解

见对方有些尴尬，小东迅速给出了一个台阶："没关系的，如果你赶时间，我可以帮你给其他同学商量，不过下次记得排队哦。"这样的提议既表现了小东的大度，又不失原则地提醒了对方。高年级同学露出了感激的微笑，轻轻点头说："抱歉，是我疏忽了，谢谢你。"随后，他乖乖地站回了队伍的末尾。

沟通方式 1 情境描述 + 个人感受 + 询问确认

首先客观描述当前的情境；接着表达个人因该情境产生的感受；最后通过询问的方式确认对方的意图或状态，以此开启对话。

沟通参考

同学，你好，请问你是刚来的吗？你可能没注意到，我们都在这里排队呢。

沟通方式 2 表明立场 + 共情表达 + 规则提示

通过清晰而平和的话语表明自己的立场；表达对对方可能情况的理解；紧接着提及普遍应遵守的规则或社会规范。

沟通参考

同学，我等了很久了，如果大家都不排队，那队伍就会乱掉，对吧？如果没有特殊情况，请你按规则排队，好吗？

成长的天空

当我鼓起勇气，平静而礼貌地与那位插队的同学交流时，心里其实并不平静。但当我看到他从惊讶转为羞愧，最终同意回归队伍的末端时，一股成就感就涌上心头。我没想到，简单的几句话，竟然能这么有效地解决问题，还避免了一场不必要的争执。我开始意识到，沟通的力量是巨大的，它能化干戈为玉帛。我不再害怕面对类似的情况，因为我学会了如何用尊重和理解去搭建沟通的桥梁。我想，以后无论遇到什么困难，只要我能够冷静思考，用恰当的方式表达自己，就没有什么是解决不了的。这种感觉，真是太棒了！

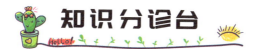

知识分诊台

暗示作为一种间接而微妙的信息传递方式，能够以更柔和、易于接受的形式影响对方的思维与行为。它不仅有助于维护和谐的人际关系，还能在无形中引导对方朝着你期望的方向思考或行动。恰当运用语言、表情、体态等暗示手段，可以有效促进沟通效率，让沟通双方加深对彼此的理解与信任。

情景小舞台

 小芳，有件事让我很苦脑，大人不在家时有陌生人敲门该怎么办？

我也是，小红，感觉好无助啊。

 上次我悄悄躲起来，但这样解决不了问题。

对，咱们得想个办法，不能老是躲。

 要不开个小缝看看是谁？

不行，不安全，还是隔着门说话好。

如此沟通

一、冷静询问，明确身份

小红正在家中专心做作业，突然，门外传来了敲门声。小红走到门边，但没有立即打开门。她轻声问道："您好，请问找谁？"门外传来一个男子的声音，说他是来检查煤气管道的工作人员。小红记得妈妈说过，任何情况下都不要直接给陌生人开门，于是她机智地回应："我爸爸出去买菜了，很快就会回来，您能告诉我您的工作证编号和单位名称吗？我可以让我爸爸回来后给您回电话确认。"

二、智取信息，谨慎验证

男子似乎有些犹豫，但还是提供了所谓的编号和公司名称。小红一边听一边快速用便签记录下来，然后礼貌地说："好的，我明白了，叔叔，请您稍等一下，我需要给爸爸打电话确认一下。"实际上，小红迅速上网搜索了该公司的名称，并没有找到相关服务记录，反而看到了一些关于假冒维修人员的警告信息。小红心里有了底，她回到门口，用坚定而温和的语气说："叔叔，我爸爸说他没接到任何通知，他建议我直接联系煤气公司的客服热线确认您的身份。"

三、有效沟通，安全解围

听到小红这么说，门外的男子明显有些慌张，开始闪烁其词。小红这时更加确定了自己的判断，但她仍然保持着冷静和礼貌，说："叔叔，我现在就拨打客服电话，如果您愿意等待，我们可以一起等待官方的确认。"这句话似乎起到了作用，男子借口有紧急任务就离开了，没有再回来。

沟通方式 1 确认身份 + 信息记录 + 延迟决策

首先，通过询问确认对方的身份；接着，记录关键信息，如姓名、工作证编号等；最后，以等待家长或权威方确认为由，延迟作出是否开门的决策。

沟通参考

请问您是哪位……能告诉我工作证编号和单位名称吗？我在记录。我需要和父母确认一下才能开门，请稍等。

沟通方式 2 表达理解 + 安全原则 + 提供替代方案

展现对对方工作的理解与尊重；同时强调个人安全的重要性；随后提出一个既保证安全又能解决问题的替代方案。

沟通参考

我明白您可能是来工作的，但爸妈说了，独自在家不能随便开门。我们可以打电话给客服确认您的身份，您看怎么样？

成长的天空

门廊外的脚步声渐行渐远，我轻轻倚着门，心还在砰砰直跳，但我知道，那是放心的跳动。刚刚的几分钟，我做了正确的选择，既保护了自己，又用沟通解决了这个小危机。回想起来，从最初的紧张到后来的冷静应对，我意识到，那些平时父母教的安全知识，真的能在关键时刻发挥作用。原来，勇敢不是不害怕，而是即便害怕也能做出正确的决定。以后再遇到类似情况，我更有信心了。我学会了，在面对未知和危险时，保持冷静、机智应对，是保护自己的最好方法。这次的经历，就像一次成长的小测验，我给自己打了个满意的分数。

知识分诊台

机智回应不仅是个人智慧与反应能力的体现，更是有效把握对话氛围的关键。机智回应能够让对方明白话外之意，提升信息的传达效果。在面对危险时，其可以让对方意识到他的骗局难以得逞，从而达到保护我们自己的目的。

从交往方面说，机智回应还能展现个人的风度与情商，促进双方关系的和谐与深入，为进一步的沟通奠定良好基础。

情景小舞台

小明，我昨天遇到个难题，想跟你商量下。

好啊，小东，有什么事情你说吧！

我在商店不小心碰掉一个杯子，碎了……

啊，那后来怎么处理的？

我害怕极了，直接跑了，但心里一直不安。

逃跑不太好哦，应该要跟店员说的。

我知道错了，现在想想特别后悔。该怎么办呢？

如此沟通

一、勇敢面对，诚实开场

小东和小明手牵手走进商店，小东鼓起勇气走向最近的店员，说："阿姨，您好，我是昨天不小心打碎杯子的小朋友。我当时很害怕，就跑了，现在我回来，想说声对不起。"店员阿姨微微一笑，眼神里满是温柔："哦，小朋友，你能回来承认错误，很勇敢。"

二、积极沟通，提出解决方案

小东接着说："我和朋友带了自己的零花钱，想赔偿那个杯子。"说着，他从口袋里掏出几张皱巴巴的纸币，小明也跟着拿出自己的零钱。店员阿姨看着两个孩子认真的模样，心中满是感动："你们真是诚实的好孩子。不过，赔偿的事情不用着急，重要的是你们能勇敢地承认错误。这样吧，你们可以帮助我整理一下货架上的商品，以作为补偿，怎么样？"小东和小明相视一笑，连忙点头答应。

三、行动证明，赢得信任

在接下来的一个小时里，小东和小明小心翼翼地帮助店员阿姨摆放商品，偶尔还帮顾客指路或找商品，两人忙碌而快乐。完成任务后，小东再次向阿姨保证："以后我们会更加小心，也不会因为害怕就逃避了。"阿姨摸了摸两人的头："你们的表现让我非常满意，记住，诚实和责任感比任何东西都宝贵。欢迎你们常来玩。"小东和小明笑着告别，手挽手走出商店，心中充满了成就感。

阿姨　　　小东

沟通方式 1 承认错误 ＋ 表达歉意 ＋ 提出解决方案

首先直接承认自己的错误，展现诚实的态度；接着表达真诚的歉意，让对方感受到你的懊悔；最后提出具体的解决方案，表明愿意为错误负责。

沟通参考

阿姨，我昨天不小心打碎了杯子，当时我很害怕，就跑了，但我意识到这是不对的。我回来是为了向您郑重道歉，真的很抱歉给您带来了麻烦。我带上了我的零花钱，希望能赔偿您的损失。

沟通方式 2 诚恳道歉 ＋ 正面态度 ＋ 寻求共识

先诚恳地承认自己的错误，通过表达对对方可能的感受的理解建立情感连接；保持积极正面的态度，表明改正错误的决心；最后邀请对方一起寻找双方都能接受的解决办法。

沟通参考

阿姨，真的很抱歉，我知道我的行为可能让您感到失望或生气，换作是我也会有同样的感受。我希望能正面解决这个问题，您看，我能做些什么来弥补这个错误呢？

成长的天空

　　当我鼓起勇气，承认错误的那一刻，虽然心跳加速，但内心却渐渐变得轻松。阿姨以宽容的态度接受了我们的道歉，我简直不敢相信，原来勇于面对和诚实以待，真的可以化解一场我以为会很糟糕的局面。我深刻地体会到，逃避永远不是解决问题的方法，而勇敢站出来，用正确的方式沟通，才是通往和谐与进步的道路。这次经历，不仅让我学会了如何有效沟通，更重要的是，它教会了我责任与勇气的重要。我知道，未来的路上还会有挑战，但只要我保持诚实和勇敢，就没有克服不了的难关。

知识分诊台

　　诚实的重要性无可替代，它要求我们在交流中坦诚相待，以此确保信息的准确无误和沟通的高效顺畅。诚实也体现了个人的责任感与可靠性，使我们在与他人交往时能够赢得对方的尊重与信赖。因此，无论在何种场合下，我们都应该坚守诚实的原则，以真诚的态度面对身边的每一个人。

情景小舞台

小明，我有个烦恼想说给你听一听，可以吗？

当然可以，小华，说出来吧！

兴趣班的课程有点难，我跟不上。

啊！那你有跟老师说过吗？

没有，我不敢说，怕老师觉得我笨。

别这样想，老师会希望你提问的。

但我真不知道怎么开口，怕打扰到老师。

如此沟通

一、选择合适时机，建立信任氛围

这天，兴趣班快下课了，小华观察到老师正在整理教具，准备结束今天的教学。他意识到这是个非正式且轻松的时刻，适合展开对话。小华轻轻走到老师身边，以一种友好而不突兀的方式说："老师，今天课上的那个项目真的很有趣，我想了解更多。您介意我问几个问题吗？"

二、清晰表述问题，展现自我反思

得到老师的同意后，小华深吸一口气，开始分享他的困惑："其实，我在尝试那个编程任务时，发现循环结构的部分很难把握。我试着自己解决，也查阅了一些资料，但似乎还是没找到正确的路径。我想请您指导。"

三、积极寻求建议，表达感激之情

老师耐心听完后，给予了针对性的建议和指导。小华认真聆听，时不时点头确认理解，并适时插入简短的反馈："原来如此，这个角度我之前确实没想到，感觉豁然开朗了！"最后，小华不忘表达感激："老师，真的太感谢您的帮助了！您不仅解答了我的疑问，还教给了我解决问题的新思路。我会按照您的建议去做，期待下次课能有更大的进步。"

沟通方式 1 建立连接 + 明确表达需求 + 展现积极态度

首先通过共享兴趣或正面反馈建立情感连接；然后直接而礼貌地表达个人的具体需求或问题；最后以积极、开放的态度展示对解决方案的期待，促使对方乐于提供帮助。

沟通参考

老师，我真的很喜欢您课堂上的实验环节，不过最近对一个概念我感到有些困惑，我相信您能给我一些宝贵的建议，帮助我更好地理解和掌握它。

沟通方式 2 自我反思 + 具体问题 + 请求指导

先进行自我反思，表明已经尝试过自行解决问题；接着提出具体、明确的学习难点；最后直接请求对方给予具体指导或建议。

沟通参考

老师，我在复习这部分内容时，发现自己对一个部分的理解不够深入，特别是关于一个公式的应用总是出错。您能否给我一些解题的技巧或者推荐一些学习资源呢？

成长的天空

走出兴趣班的教室，一股前所未有的轻松感涌上心头。刚刚与老师的对话，就像是翻越了一座山，虽然开始时心里满是忐忑，但当我鼓起勇气，按照事先准备好的方式一步步表达我的困惑时，我才发现，原来与人沟通并没有想象中的那么难。最让我感到自豪的是，我在对话结束时表达了真挚的感谢。我意识到，沟通不仅仅是解决问题的过程，更是一种成长的过程。现在我也明白了，无论是学习还是生活，只要勇于表达，乐于沟通，就没有克服不了的难题。

知识分诊台

在人际交往中，当我们遇到不懂的事情时，主动请求指导是很有用的。当我们向别人寻求指导时，别人会感觉到我们愿意学习，这能让我们得到别人的帮助和支持。这样做的好处是，我们不仅能学到新知识，还能展现出我们的谦虚和礼貌。为了更好地向他人寻求指导，我们可以礼貌地问："你能教我怎么做吗？"或者"我对这方面不太懂，你能帮帮我吗？"这样表达，别人会很乐意和我们分享他们的经验。

总之，主动请求指导不仅能帮助我们解决问题，还能让我们学到更多。记住，不要害怕提问，因为每个人都有不懂的时候，向别人学习是成长的一部分。

情景小舞台

小明，我昨天和妈妈去超市，找不见牛奶，好尴尬。

哈哈，我以前也这样过，你现在知道怎么办了吗？

不知道啊，所以才烦恼。你有啥好办法？

可以找穿超市制服的阿姨或叔叔，他们能帮忙。

直接问会不会打扰到他们？

不会的，帮助顾客是他们的工作哦。

但是我还是不知道怎么描述要找的东西。

如此沟通

一、友好接近，礼貌开口

小华提着小巧的购物篮，穿梭在琳琅满目的货架间，他的眼神寻找着牛奶的身影，却始终未能如愿。他决定不再独自苦寻，而是勇敢地走近身边一位正在整理货物的超市工作人员，礼貌地问道："阿姨，您好！今天妈妈让我来买牛奶，但是我找了好久都找不到牛奶，请问您可以帮我吗？"小华的声音温和而清晰，展现了良好的礼貌修养。

二、清晰表达需求，使用简单描述

阿姨露出了和蔼的笑容，弯下腰来与小华平视，耐心地回应："当然可以，小朋友。牛奶有很多种，你是要哪一种呢？"小华略加思索，回忆起妈妈的吩咐："我们家一般买全脂的，盒装或者瓶装都可以。"为了更准确地传达信息，小华还尝试用简单的手势比划了牛奶盒的形状。阿姨点头表示明白，随即指了一个方向："明白了，牛奶区就在那边，冷藏柜旁边，我带你过去吧。"

三、感谢并确认，学习自我帮助技巧

小华跟着阿姨走到牛奶区，果然一眼就看到了想要的全脂牛奶。他兴奋地指着说："就是这个！谢谢阿姨，您真好！"阿姨笑着摸了摸小华的头："不客气，你真有礼貌。以后再来，如果找不到东西的话，记得看头顶的指示牌，或者直接问我们都可以哦！"告别时，小华还不忘挥手致谢。

阿姨

小华

技巧万花筒

沟通方式 1　礼貌称呼 + 明确需求 + 询问意愿

首先以礼貌的方式称呼对方；然后清晰直接地表达自己的需求；最后询问对方是否愿意或能够提供帮助。这种方式能够展现出尊重和明确的态度，使对方更容易接受并乐意协助。

沟通参考

阿姨，您好！我是小华，今天和妈妈一起来购物，但是找了好久都找不到牛奶，请问您可以帮我吗？

沟通方式 2　简洁描述 + 具体细节 + 辅助动作

在说明问题时，要尽量简洁明了；并加入具体细节，如商品的类型、规格等；必要时辅以肢体语言或实物照片，帮助对方更快理解。

沟通参考

"阿姨，我们家一般买全脂的牛奶，盒装或者瓶装都可以。"同时，小华用手势比划牛奶盒的形状，使得描述更为直观。

成长的天空

当我鼓起勇气，用刚学会的沟通技巧向超市的阿姨求助时，心里其实有点忐忑。一开始的"阿姨，您好！"虽然简短，却是我克服害羞的第一步。原来，礼貌、清晰地表达自己，再加上一点小小的勇气，就能让事情变得如此顺利。我不仅学会了在超市里如何找牛奶，更学会了如何在今后的生活中，用有效沟通解决更多的问题。想到这里，我不禁暗暗给自己点了个赞，对下一次的独立探索充满了期待。

知识分诊台

礼貌地称呼他人是懂礼节的体现。当我们用合适的称呼，比如"老师""叔叔"或"阿姨"称呼他人时，就像是在说："我尊重你，我知道怎么礼貌地和你说话。"这样做的好处是，为后续的交流打下了良好的基础。如果我们用礼貌的称呼开始对话，别人就会感觉受到了尊重，更愿意倾听我们的话，和我们交流。

选择合适的称呼也很关键。比如，称呼年长的人要用尊称，称呼同龄人则可以用名字。这样，我们就能展现出我们的礼貌和对他人的尊重。

情景小舞台

 小红，我最近总是肚子疼，但不知道怎么跟医生说。

你疼了多久了？是一直疼还是时好时坏？

 有时吃完东西就疼，已经一星期了。

疼的时候厉害吗？会想吐或者拉肚子吗？

 有点厉害，而且会想吐，但没拉肚子。

你去医院了吗？

 没有，我怕医生问，我说不清楚。

如此沟通

一、准备与开场

　　阳光透过医院的窗户，洒在候诊室里。小明坐在妈妈身边，手里紧紧攥着病历本，心里既紧张又忐忑。他想起小红的建议，决定先整理一下自己的感觉。他拿出一张纸，简单地画了个身体图，标注了疼痛的位置，并尝试用几个词描述疼痛的感觉："饭后痛""钝痛"。妈妈鼓励地拍了拍他的肩膀，告诉他："清楚表达很重要，医生叔叔会帮你的。"

二、有效沟通

　　终于轮到小明就诊了，面对和蔼的医生，小明先礼貌地递上了自己准备的那张纸。"医生叔叔，这是我画的，我主要是肚子左下方不舒服，特别是吃完东西后，钝钝的痛，有时候还会想吐。"医生微笑着接过纸张，对小明的准备表示赞赏："你做得非常好，这样能大大帮助我了解你的情况。"接着，医生开始细致地询问，小明也一一耐心回答，包括疼痛开始的时间、频率以及有没有尝试过缓解方法等。

三、提问与确认

　　在医生询问的过程中，小明也不忘主动提问，"医生叔叔，我会不会是因为吃错东西了呢？需要做哪些检查才能知道原因？"医生耐心解答了小明的问题，并安排了相应的检查。小明心中虽然有些害怕，但更多的是释然。走出诊室时，小明回头给了医生一个感激的微笑，妈妈也为他竖起了大拇指。

沟通方式 1 保持开放心态 + 确认对方感受 + 追问细节

　　首先全神贯注地倾听对方的言语；然后通过复述或提问的方式确认自己正确理解了对方的意图；最后给予适当的反馈，表明自己的立场或感受。

沟通参考

　　医生叔叔，我听明白了，您是说这可能与我的饮食有关，对吗？那我需要注意哪些饮食习惯呢？

沟通方式 2 保持开放心态 + 诚恳说明意图 + 分享个人情感

　　先简要介绍沟通的背景或当前情境；接着提供具体而详细的事实信息；最后直接而礼貌地提出自己的需求。

沟通参考

　　医生，我最近一周饭后总感觉肚子这里（指了指腹部）隐隐作痛，尤其昨天晚上特别明显。我想请您帮我看看，是不是消化系统出了问题？

成长的天空

　　通过具体而准确地描述我的症状，并主动寻求建议，我发现自己不仅是在表达需求，更是在积极参与自己的健康管理，这种主动权让我充满了能量。我意识到，有效沟通不仅仅是信息的交换，更是一座桥梁，连接着理解和信任，让原本可能冰冷的医患关系变得温暖而有力。我知道，无论结果如何，我都已经尽了最大的努力去沟通，去与医生一起寻找解决方案。这份积极的心态，成为我面对未知挑战的最坚实的铠甲。

知识分诊台

　　在人际交往中，有逻辑地陈述我们的想法很重要。当我们有逻辑地表达自己的想法时，比如先说发生了什么事，然后说我们为什么这样觉得，最后说我们希望怎么做，听的人就能清楚地知道我们的意思。这样做的好处是，它可以帮助我们和他人进行有效的沟通。因为我们说话有条理，别人就能更好地理解我们的想法，也更容易接受我们的建议或请求。

　　逻辑陈述还能帮助我们避免误会。当我们的思路清晰，表达有序，别人就不容易误解我们的意思。所以，下次和别人说话时，试着有逻辑地表达你的想法，这样你就能和别人更好地沟通了。

小明

小东

情景小舞台

 小明，我有点苦恼，我能说说吗？

当然可以，小东，出什么事了？

 每天放学回家路过的小巷里，都会遇到走得特别慢的人，要耽误好几分钟。

那挺让人着急的，你一般怎么处理？

 我就这样跟在后面，也不好说什么，好尴尬啊。

嗯，直接说可能有点难。你可以试试礼貌地问好，然后提一下？

如此沟通

一、观察与准备

　　小巷里，小东背着书包，轻快的步伐渐渐放缓，因为他前方是一位缓缓而行的路人。小东感到有些焦急，但意识到直接冲上前去催促或许不够礼貌。他想起老师教过的沟通技巧——先观察，再行动。小东注意到路人没有特殊情况，判断对方可以走快点儿。于是，他决定采取温和的方式去提醒。

二、礼貌开场，表达需求

　　小东轻轻加快步伐，逐渐靠近那位路人。他鼓起勇气，笑着用柔和的声音开口："阿姨，您好！"这突如其来的问候让路人微微一愣，也微笑回应。见对方态度和善，小东接着说道："我在您后面走了一会儿，发现我们似乎是同路。不过我今天有急事需要早点到家，不知道能不能让我先走？"

三、感谢与理解，和谐同行

　　路人听了小东的话，显得十分体谅。她笑着回答："小朋友，你真有礼貌。不好意思，你先过吧。"小东连忙点头致谢："太感谢您了，阿姨，给您添麻烦了。"随后，路人给小东让了路。小东心中暗自庆幸，这次成功的沟通让他不仅及时解决了问题，还收获了一份来自陌生人的善意。

沟通方式 1 友好问候 + 情境共鸣 + 礼貌提出请求

首先用友好的问候打破沉默,建立初步的亲近感;接着寻找或创造共同话题,增强彼此间的情感共鸣;最后礼貌而明确地提出自己的请求,保持尊重对方的态度。

沟通参考

您好!今天天气真是宜人,适合散步呢。我也刚好往这个方向走,如果方便的话,能不能让我先过去?家里晚饭快好了,怕家人久等。

沟通方式 2 观察细节 + 个性化赞美 + 温和请求配合

观察对方的特征或行为;给予个性化的赞美,展现真诚的关注;随后以温和的方式提出自己的需求,使对方感到被尊重且乐意配合。

沟通参考

老爷爷,您的拐杖上刻的花纹真精致,很有品味呢!我注意到您走得比较悠闲,不过我有急事得先回家,能请您让个道吗?多谢啦!

成长的天空

当我鼓起勇气，运用刚刚学会的沟通技巧，向那位悠然前行的路人阿姨表达了我的情况时，心里其实是忐忑不安的。但当阿姨报以理解的微笑，和蔼地让我先行时，我的心中仿佛有一股暖流缓缓淌过，紧张的情绪瞬间烟消云散。那一刻，我意识到沟通的力量原来如此强大。它不仅仅解决了我眼前的"路障"，更重要的是，让我学会了如何用尊重和礼貌的方式与人交往，即使是面对陌生人，也能建立起短暂却温馨的连接。这种感觉就像是在心中种下了一粒种子，让我相信，只要用心交流，很多难题都能迎刃而解。

知识分诊台

说话前的观察是沟通的重要组成部分，它要求我们细致入微地审视环境、氛围及对方的情绪，以便精准把握沟通时机与方式。通过观察，我们能更好地理解对方的感受与需求，避免以无心之言造成伤害。同时，适时调整自己的言辞与态度，能够更有效地传达信息，增进彼此的理解与信任。

情景小舞台

小明，我有个苦恼，不知道怎么办。

啥事啊？说来听听。

我一紧张，话就说不利索。

嗯，得冷静说清楚情况。

要是遇到事可咋办呀！

先练习下，想想什么最重要。

对，先冷静想想什么最重要。

如此沟通

一、保持冷静，迅速行动

在一个宁静的傍晚，小华突然发现厨房里冒出浓烟，火光隐约可见。他想起小明的话，告诉自己要冷静。小华迅速跑到电话旁，拿起话筒，按下"119"。电话接通的那一刻，他用平稳而清晰的声音开始了对话："您好，这里是 ×× 小区 × 栋 × 号，我们家厨房起火了。"

二、信息准确，有序传达

接线员询问更多详情时，他按照之前学到的知识，依次说明："火现在看起来不大，但烟很多。家里只有我和奶奶，奶奶在卧室，我已经告诉她了。没有人在火源附近，但我们都需要帮助。"小华的语言简洁明了，为救援行动争取了宝贵时间。

三、确认细节，等待救援

在结束通话前，小华展现了超乎年龄的细心："请问消防车大概多久能到？我们需要做些什么准备？"接线员告知救援队伍已在路上，并提醒他们保持电话畅通，远离火源，到安全地带等待。小华再次确认地址无误后，挂断电话，随即帮助奶奶携带湿毛巾捂住口鼻，一同撤退到室外。他还记得用手机给父母发送简短信息，告知家中发生的情况和他们已安全撤离的信息。

小华

技巧万花筒

沟通方式 1 情境描述 + 具体位置 + 紧急需求

迅速告知对方当前面临的紧急情况；事件发生的精确位置及你迫切需要帮助的类型。

沟通参考

您好，这里是某区某街道和平小区 5 号楼 3 单元 402 室，厨房发生了火灾，急需消防队援助。

沟通方式 2 人员状况 + 安全措施 + 额外信息

报告涉及人员的安全状态；已采取的安全措施；其他对救援有帮助的额外信息。

沟通参考

家中有我和奶奶两个人，我们都已远离火源，奶奶在门口等候，门未上锁以便快速进入。

成长的天空

　　按下电话的挂断键后，我的心跳依然急促，但比起刚才的慌乱，多了几分镇定。刚刚与接线员的那几分钟对话，似乎成了我人生中最重要的一课。我意识到，即使是一个小学生，也能在关键时刻发挥重要作用。一股小小的成就感涌上心头，那是一种因自己能够冷静处理危机而生的自豪感。我开始思考，这次经历不仅是对我的一次考验，更是一次成长的契机。它让我明白，面对困难和危险，除了勇气，有效的沟通同样至关重要。未来无论遇到什么挑战，我相信自己都能像今天这样，沉着冷静，用智慧和语言的力量，化险为夷。

知识分诊台

　　确认指令在紧急沟通或高效交流中很重要。当需要确保信息被正确理解时，我们可以通过重述指令来确认，比如对方说："请把书拿给我。"我们可以回答："你是说要把桌上的那本书拿给你吗？"这样就能避免误会。

　　询问细节也是确认指令的一部分，比如问："你需要我什么时候完成这件事？"这能帮助我们更准确地执行任务。简述执行计划也是确认指令的一种方式，比如"我先拿书，然后马上给你送过来"，这样能让对方知道我们不仅理解了指令，而且还有一个清晰的行动计划。

小红 小明

情景小舞台

小红，最近有个事一直困扰我，就是有一个志愿者活动，我不知道怎么跟别人介绍咱们家乡。

介绍家乡不难啊，你想说哪些方面？

就是，我不知道从哪儿开始，感觉家乡好多东西都想讲。

那就挑重点嘛，比如特色小吃或者名胜古迹。

对哦，比如咱们的古城墙，还有那个远近闻名的小吃街！

没错！还有咱们的传统节日活动，也很吸引人。

如此沟通

一、问题式导入

在一个阳光明媚的下午，小明站在志愿者活动的展台前，面前聚集了一群来自不同地方的孩子。他面带微笑，开始介绍："大家好，我是小明，欢迎来到我的家乡——一个隐藏在绿水青山间的世外桃源。想象一下，你漫步在千年的石板路上，耳边是溪水潺潺和鸟语花香，是不是已经感到一丝丝的神秘和向往呢？"

二、细节描述

小明继续用他那充满童真的声音，将家乡的美景活灵活现地展现在听众眼前。"我们的家乡有一座古老的城墙，它见证了无数的故事与变迁。每当夕阳西下，金色的光辉洒满城头，你会觉得自己仿佛穿越了时空，成为历史的一部分。还有，提到家乡，怎能不提那条热闹非凡的小吃街呢？那里有香脆可口的糖葫芦，热气腾腾的牛肉面，每一口都是家的味道，让人回味无穷。"

三、互动邀请，留下深刻印象

最后，小明巧妙地引入了互动环节，让他的介绍更加生动有趣。"我想，每个人的心中都有一个自己最想去的地方。如果你们来到我的家乡，最想探索的是哪里呢？是探宝那座神秘的古塔，还是想要挑战寻找传说中的秘密花园？欢迎大家分享。"小明边说边递上一些家乡风景的小卡片，鼓励大家交流。

沟通方式 1 好奇心激发 + 情感联结 + 互动邀请

首先用引人入胜的信息或问题激发听众的好奇心；接着通过个人情感或共同体验加深彼此之间的情感联系；最后提出具体互动方式促进交流，增强参与感。

沟通参考

想象一下，漫步在云端之上的玻璃桥，心跳加速的同时，世界仿佛都在你的脚下。那种既刺激又自由的感觉，就像是第一次骑自行车时的激动和害怕交织的心情。你们有过类似的探险经历吗？来分享一下，让我们一起感受那份探险的乐趣吧！

沟通方式 2 场景描绘 + 个人故事 + 开放式问题

通过生动的场景描绘创造画面感；随后融入个人的真实故事或感受增加可信度和情感温度；最后提出开放式问题鼓励听众思考和分享。

沟通参考

夏日傍晚，金色的麦田在微风中轻轻摇曳，那是我小时候和爷爷一起捉迷藏的地方。还记得有一次，我躲在高高的麦垛后，听爷爷喊着我名字，心里充满了温暖和安全。你们记忆中最温馨的夏日时光是怎么样的？有没有一个特别的地方，让你每次想起都倍感幸福？

成长的天空

刚刚我仿佛带着大家进行了一场穿越时空的旅行，回到了那个依山傍水、四季如画的小城——我的家乡。每讲到一处，我都能从听众的眼中捕捉到一丝向往和惊叹，那是一种超越语言的文化共鸣。我意识到，我不仅仅是在介绍一个地方，更是在分享一份美好。我暗暗许愿，希望将来有更多机会能让更多的人了解那个不为人知却又充满魅力的小城，也让家乡的故事能在更广阔的空间里回响。这份成就感，比任何赞美都要来得更加深刻和持久。

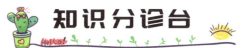

知识分诊台

在沟通互动中，激发他人的好奇心可以让对话变得更加有趣和吸引人。当我们说话时，如果能够让对方好奇接下来会发生什么，他们就会更专心地听我们说，更积极地参与到对话中来。

要激发他人的好奇心，我们可以从一个有趣的问题开始，或者讲一个故事的开头，但不急着告诉他们结局。比如，我们可以说："你想知道我怎么学会骑自行车的吗？"或者"我有个秘密，你想听吗？"这样表达能吸引人们的注意力。

总之，通过激发他人的好奇心，我们不仅能让对话更加生动，还能帮助我们与他人建立更紧密的联系。

小明　　　　　　　小东

情景小舞台

 小明，今天我好难过，有人骂我没长眼睛。

啊？怎么回事？你做错什么了吗？

 没有啊，就走路时不小心碰了他一下，他就生气了。

那他那样说不对，别往心里去。你是怎么回答的？

 我当时都懵了，不知道说什么，就走开了。

别难过，下次你可以礼貌地说："对不起，我不是故意的。"

如此沟通

一、冷静自持，展现礼貌

阳光明媚的下午，小东背着书包走在回家的路上。突然，一位急匆匆的路人因为小东的无意阻挡而踉跄了一下，随之而来的是一句不悦的"不长眼睛啊！"小东心中一紧，但立刻意识到要控制情绪。他深吸一口气，转过身，用平和而礼貌的语气回应："真的很抱歉，我没有注意到您，希望您没受伤。"

二、积极沟通，表达理解

路人似乎被小东出乎意料的回应愣住了，表情略有缓和。小东见状，进一步表达歉意："我知道您可能赶时间，我也经常急着回家，心情可以理解。如果我给您带来了不便，我再次道歉。"

三、以礼化怨，传递正能量

路人的眼神由最初的不满逐渐变得柔和，他似乎意识到了自己的冲动。小东见机补充道："希望我的无心之失不会影响您的好心情。生活中难免有些小碰撞，如果我们都能多一些宽容，社会也会更加和谐，您说是吧？"这番话让路人微微一笑，点头说道："你说得对，小朋友，我也有不对的地方，咱们都没事就好。"说完，两人各自继续前行，小东心中满是通过有效沟通解决问题的成就感。

沟通方式 1 真诚道歉 + 自我反思 + 询问对方状况

首先诚恳道歉展现诚意；接着通过自我反思表达认识到错误的态度；最后询问对方是否安好，体现关心与尊重。

沟通参考

真的很抱歉，我没有注意到您，希望您没受伤。

沟通方式 2 情感共鸣 + 共同体验 + 再次致歉

通过表达对对方情绪的理解建立情感联系；再分享类似经历让人感觉"我们都一样"，从而减轻对立情绪；再次道歉，强调诚意。

沟通参考

不好意思，我知道您可能赶时间，我也经常急着回家，心情可以理解。如果我给您带来了不便，我再次道歉。

成长的天空

我真诚地向对方表达了歉意，紧接着，我进行了自我反思，承认自己疏忽大意的同时，也在内心构建了一个更加细心、周到的自我形象，这种自我提升的感觉让我略感振奋，那份被理解和接受的感觉异常宝贵，让我深刻体会到有效沟通的力量。通过这次经历，我更加坚信良好的沟通不仅能解决眼前的问题，更能增进人与人之间的理解和信任。内心的忐忑逐渐转化为一种平和与自信——我知道，无论未来遇到何种沟通挑战，只要秉持真诚、共情和积极的态度，就没有跨不过的坎。

知识分诊台

在交往沟通中，重复表达歉意很重要，它不仅表明我们认识到了自己的错误，还显示出我们愿意改正的态度。它能够让对方知道我们不是只说"对不起"就算了，而是真心想要改进。这种重复的致歉，就像是我们给朋友的一个保证，让他知道我们会努力改正，不会再犯同样的错误。

此外，重复表达歉意还有助于修复关系。当我们一次又一次地表达歉意，朋友和家人就会知道我们真的很在乎他们的感受，我们不想因为一次错误就失去和他们的感情。

13 购物发现质量问题，怎么与人交涉

小明　　　　　　　　小东

 小明，我有个烦恼，昨天买的笔用不了，怎么办？

啊，这样啊，要不你直接找店员说明情况？

 可我不知道怎么跟店员说，怕他们不理我。

别怕，礼貌最重要。告诉他们问题，要求换新的。

 如果他们问我为什么现在才说呢？

你就说买回去后才发现问题，这是合理要求。

 那要是他们拒绝换货呢？

问清楚原因，如果不行，也可以找店里的负责人谈谈。

如此沟通

一、友好开场，明确问题

小东鼓起勇气，踏入文具店，他首先寻找到了那位昨天卖给他笔的店员。小东轻轻走过去，带着甜甜的笑容说道："姐姐，你好！我昨天在这里买了这支笔。"说着，他举起手中的笔，眼神中带着一丝求助。店员微笑着回应："你好，我可以帮助你什么吗？"小华继续道："我发现这支笔写不出来，可能是有点问题。"

二、具体描述，礼貌请求

见店员态度亲切，小东心中踏实不少，他决定详细说明情况："我昨晚回家后，想用新笔做作业，但试了很多次，它就是不出墨。我检查了一下，还是不行。"小东边说边演示，确保店员能理解到问题确实存在。接着，他礼貌地提出请求："我知道你们这里的东西一向很好，所以我想问问，能不能帮我换一支呢？"

三、展现理解和耐心，达成共识

店员接过笔，仔细检查后，面露歉意地说："真对不起，小朋友，这确实坏了。我马上给你换一支新的。"小东听后，感激地回答："谢谢你，姐姐，我知道有的商品可能会有质量问题，可以退换就好。以后我还会来你们店的，因为我相信你们的服务。"店员被小东的理解所打动，不仅迅速为他更换了笔，还额外送了他一块橡皮作为补偿。

店员　　　　　　　　　小东

文具店

沟通方式 1　友好称呼 + 明确自我 + 陈述事实

以友好、尊重的称呼开头，建立正面交流氛围；紧接着明确自己的身份或关系；随后直接而客观地陈述遇到的问题或事实，避免一开始就指责或被负面情绪控制。

沟通参考

姐姐，你好！我昨天在这里买了这支笔，我发现这支笔写不出来，可能是有点问题。

沟通方式 2　具体描述 + 展示尝试 + 礼貌请求

详细描述遇到的具体问题；展示自己已经采取的解决措施或尝试；然后礼貌地提出自己的需求或请求，这样既展现了自己对问题的重视，也体现了对对方的理解和尊重。

沟通参考

姐姐，我检查了笔帽是否盖紧，也试着在别的纸上画，还是不行。所以我想问问，能不能帮我换一支好的呢？

成长的天空

　　当我鼓起勇气，按照事先准备好的沟通方法与店员交谈时，心中其实是惴惴不安的。但当我用友好而礼貌的语气开口，看到店员脸上的微笑时，那份紧张感便奇妙地减轻了许多。原来，只要方法得当，表达清晰，即使面对成年人，我也能够顺利解决问题。这份成功的喜悦，不仅是因为得到了想要的结果，更多的是因为我在过程中学会了如何以一种成熟和理性的方式来处理困难。这次经历教会了我，无论年龄大小，有效的沟通都是解决问题的金钥匙。我不再害怕遇到问题，反而期待下一次能够更加从容不迫地去应对挑战。

知识分诊台

　　礼貌请求在人际交往中很重要，它要求用一种温和的方式与他人交流。当我们需要别人的帮助时，如果能够礼貌地提出请求，比如可以说，"请问你能帮我吗？"或者"我需要一点帮助，你能……"，这样，别人就会感到受尊重，更愿意伸出援手。

　　礼貌请求时，我们要明确表达自己的诉求，比如具体需要什么帮助，为什么需要帮助。同时，站在对方的立场考虑问题，想想他们可能会有什么感受或困难，这样我们的请求就更体贴。

　　总之，礼貌请求是我们与人相处时的一个好习惯。它不仅能帮助我们得到所需的帮助，还能让我们与他人的友谊更加稳固。

14 如何向物业报修及接待维修人员

小明，我家里水龙头漏水，我不知道怎么办？

哎呀，这简单，你先找物业电话。

物业电话在哪找呢？

看看门禁卡背面，通常都有。

哦哦，找到了！打过去说什么呢？

你就说清楚住址和问题，比如说："我家在 101 号房，水龙头坏了，一直滴水。"

说完之后呢？我有点紧张。

别紧张，他们会让你留个联系方式，说会派人来修。

如此沟通

一、有效沟通，精准报修

　　小东决定自己尝试联系物业报修。他首先从门禁卡背后找到了物业的联系电话，然后拨了过去："您好，我是 3 号楼 101 号房的小东，我们家厨房的水龙头漏水了，需要请人来修理。请问应该怎么办？"

二、准备迎接，细心安排

　　物业告知小东，维修人员会在半小时后到访。小东意识到这是他第一次独自接待"大人"，心里既紧张又兴奋。为了确保一切顺利，他决定做好充分准备。他清理了水槽周围的杂物，确保维修人员有足够的工作空间。小东还特意打电话问了妈妈，关闭了总水阀，并标记了位置，以便及时指引。

三、礼貌接待，安全意识

　　半小时后，维修师傅如约而至。小东礼貌地开了门，微笑着说："叔叔您好，我是小东，水龙头在这边。"他领着维修师傅到厨房，还指着已标记的水阀，简洁明了地说明了情况。当师傅需要工具时，小东主动询问是否可以帮忙拿，但在得到"小朋友的安全第一，不用帮忙"的回复后，便安静地站在一旁观察学习。维修结束后，小东还不忘道谢："谢谢叔叔，您辛苦了！"这次经历不仅解决了家中的实际问题，也让小东学会了如何有效地与成人沟通及如何安全地处理家中的突发状况，收获满满。

小东

技巧万花筒

沟通方式 1 明确身份 + 具体问题 + 请求帮助

首先清晰地表明自己的身份；接着直接指出遇到的具体问题；最后明确提出需要对方给予的帮助或指导。

沟通参考

您好，我是 3 号楼 101 号房的小东，我们家厨房的水龙头漏水了，需要请人来修理。请问应该怎么办？

沟通方式 2 预先准备 + 明确指引 + 展现礼貌

事先准备好必要的信息或指示，确保对方能够迅速理解情况；通过明确的指引简化交流过程；始终保持礼貌，体现尊重。

沟通参考

叔叔您好，我是小东，这是需要维修的水龙头，总水阀我已经标出来了，请随我来。

成长的天空

　　挂断电话的那一刻，我的心跳得有些快，但随之而来的是满满的成就感。之前总觉得自己还是个处处需要大人照顾的小孩，但现在，我开始相信，只要勇敢地迈出那一步，很多事情并没有想象中那么难。这次经历，让我明白沟通并不复杂，关键是要敢于开口，有条理地表达自己。而且，它还教会了我，成长就是不断尝试新事物，哪怕只是学会如何报修之类的小事，也是向前迈进的一大步。我暗暗下定决心，以后遇到困难，也要像这次一样，勇敢面对，积极寻找解决办法。

知识分诊台

　　在报修、报警等情况下，明确地址与身份的重要性不容忽视。精确的地址信息能确保相关人员迅速定位地点，减少响应时间。同时，确认报修、报警人身份有助于确保信息准确无误地传递，帮助相关人员对事件进行判断，避免误解或混淆。

小红　　　　　　　　　小明

情景小舞台

 小红，我有个问题，能帮我想想吗？

当然可以，小明，有什么烦心事？

 今天遇到陌生人和我说话，我有点紧张。

啊，那他跟你说了什么？

 就问我几点了，但我当时很慌张的。

别怕，遇到这种情况很正常哦。

 可我总担心，不知道怎样在保证自身安全的前提下礼貌回答对方。

如 此 沟 通

一、保持警觉，礼貌回应

下午，小明独自走在放学回家的路上。这时，一位面带微笑的陌生叔叔靠近，问："小朋友，你知道附近最近的邮局怎么走吗？"小明停下脚步，保持着一定的安全距离，用响亮的声音回答："邮局啊，往前直走，到第三个路口左转就看到了。"他没有忘记父母教的安全知识，既帮助了对方，也保护了自己。

二、机智提问，判断意图

陌生叔叔继续问："谢谢你，小朋友。你一个人走不怕吗？"小明灵机一动，说道："不怕，我爸爸妈妈就在前面。叔叔，您是新搬来的邻居吗？"这一问既显得有礼貌，又不动声色地寻问了对方的背景，同时传达出自己对周围环境的熟悉和对对方的警惕。

三、礼貌告别，安全第一

叔叔笑着摇头说："哦，不是呢，我只是路过这里。你这么机灵，爸妈一定很放心。"小明听后，微笑着说："谢谢叔叔夸奖。我要走了，妈妈还在等我呢。"说完，小明礼貌地挥挥手，转身继续向前走去。小明心中暗自得意，感觉自己又学会了一项重要的生活技能——如何智慧而安全地与陌生人交流。

沟通方式 1 礼貌回应 + 保持距离 + 明确信息

在与陌生人交流时，首先以礼貌的方式回应对方的问题或需求；同时保持适当的距离，确保个人安全；并且提供明确、直接的信息以避免误解。

沟通参考

您好，往前直走，第二个路口右转就是图书馆了。（微笑，稍微后退半步）

沟通方式 2 机智提问 + 观察反应 + 自我保护暗示

通过提出相关问题来评估对方的意图；同时观察其反应；间接表达自己的警惕性和自我保护意识，不直接拒绝交流，但也不过分透露个人信息。

沟通参考

您对这个区域很感兴趣吗？我经常在这里玩，挺熟悉的。（保持微笑，留意对方的表情变化）

当我礼貌而机智地应对了那位陌生人的搭话后，心里不禁涌起一股小小的成就感。一开始，确实有些紧张，毕竟爸爸妈妈总是提醒我要小心陌生人。但是，我记得他们教我的那些安全准则，让我在保持警觉的同时，也能友好地帮助别人。我意识到，自己不仅能够处理这种突如其来的社交情境，还能做得很好。这次经历，就像是成长路上的一个小里程碑，让我更加相信，只要运用恰当的沟通技巧，就能在保证安全的同时，享受与人交往的乐趣。

在人际交往中，自我保护十分重要，它能够帮助我们保护好自己的安全和隐私。要进行自我保护，我们可以做以下几件事情：首先，我们要清楚自己的界限，知道哪些事情是别人不可以做的；其次，我们要勇敢地说出自己的界限；最后，我们还可以学会礼貌地拒绝。如果别人提出让我们不舒服的请求，我们可以这样说："我现在不太方便。"此外，自我保护还包括保护我们的隐私，不随便透露自己的个人信息，比如家庭地址或电话号码。

总之，自我保护是我们与人交往时的一个重要技能。它不仅能帮助我们保护自己，还能让我们的交流更加愉快。记住，要清楚自己的界限，并且勇敢地说出来，这样我们才能更好地与人相处。

自我提升篇

情景小舞台

 嘿，小明，你今天怎么闷闷不乐的？

我在想，我的梦想好像太大了，可能实现不了。

 哎呀，你的梦想是什么呀？

我想成为一名科学家，去探索世界的奥秘。

 哇，听起来好酷！为什么不跟大家分享一下呢？

我觉得太难了，怕自己做不到，别人也会说不现实。

 别人的看法不重要，重要的是你的努力和坚持！

如此沟通

一、自信开场，明确立场

在一次班级分享会上，小明走上讲台。他环视四周，平和而自信地发言："大家好，我今天想和大家分享一个关于梦想的故事，是我的故事。"这样的开场既吸引了全班的注意，也为接下来的沟通奠定了良好的基础。

二、情感共鸣，理性阐述

"从小，我就梦想成为一名伟大的发明家，创造出能够陪伴所有小朋友学习玩耍的机器人。"他停顿了一下，观察到同学们投来好奇的目光后，继续说："我知道，有人可能会觉得这梦想太遥远，甚至我自己有时也会感到迷茫。但是，每当这个时候，我就会想起爱迪生发明电灯前的上千次失败。他没有放弃，我为什么要轻易说不呢？"小明引用名人故事，通过具体的事例支撑了自己的立场。

三、互动提问，激发共鸣

最后，小明巧妙地将话题转向全班同学，提出了一个问题："你们当中，有没有人曾经因为别人的质疑，就对自己喜欢的事情产生过动摇？"问题一出，教室里响起了一片赞同的低语声。小明微笑道："看，我们都有类似的感受。但我想说，不论梦想多么大，只要我们坚持，每天进步一点点，就最终能实现。让我们一起，不管别人怎么说，都不放弃我们的梦想，好吗？"小明以一个倡议结束了他的分享，赢得了热烈的掌声。

小明

同学

同学

同学

同学

沟通方式 1 **自信开场 + 情感共鸣 + 行动呼吁**

首先以自信的态度开启对话，吸引听众注意；接着通过分享个人经历或情感故事建立共鸣，拉近与听众的距离；最后提出具体行动或呼吁，鼓励听众采取行动或形成共识。

沟通参考

我一直梦想成为发明家，就像每一个仰望星空的夜晚，我们内心都藏着探索未知的渴望。让我们从今天的小发明开始，一步步靠近那些看似遥不可及的梦想，你愿意加入我吗？

沟通方式 2 **问题引导 + 理性分析 + 正面激励**

通过提出问题引发听众思考，增加互动性；随后进行逻辑清晰、例证丰富的分析，增强说服力；最后以正面积极的语言激励听众，激发其内在动力。

沟通参考

有多少人曾因梦想太大而犹豫不前？实际上，历史上许多伟大成就都是从看似不可能的想法开始的，关键在于持续学习和实践。别怕梦想太大，只怕你不敢开始，每一步尝试都是成功的铺垫。

　　当我勇敢地站在讲台上，将内心深处对于梦想的执着和不放弃的信念化作话语，向同学们坦诚分享时，一股前所未有的力量在我心中涌动。我意识到，有效的沟通不仅让我释放了内心的困扰，更重要的是激发了周围人的共鸣。我心中充满了感激，感激自己没有被恐惧打败，选择站出来分享；感激同学们的理解与鼓励，他们的反应让我明白，在追求梦想的路上，我们并不孤单。此刻，我的心里不再是先前的迷茫与自我怀疑，取而代之的是一种坚定与光明。

　　问题引导在对话中很重要，能帮助我们的谈话更有序，更深入。当我们用问题来引导对话，比如问"你今天在学校学到了什么有趣的事情？"这样的问题，就能让对方知道我们对他们的生活感兴趣，也鼓励他们分享更多。

　　通过问题引导，我们可以更好地了解对方的想法和感受，这不仅能增进彼此之间的了解，还能让对话更加有趣和丰富。同时，问题引导也能激发对方的思考，让他们在回答问题的过程中，也能学到新的东西。

02 被人嘲笑，该怎么应对

小东

小明

情景小舞台

 小明，我有点烦，能和你说说吗？

当然可以，小东，出什么事了？

 今天有人嘲笑我跑得慢，我不知道怎么办。

他们那样做不对。别难过，小东。

 但我当时就愣住了，不知道怎么回应。

下次你可以试试笑着说："我会努力变快的！"

 这样行吗？我怕这样说他们会笑得更厉害。

如此沟通

一、冷静倾听，理解对方动机

阳光明媚的课间，小东正独自在操场边练习跳绳，几个同学围过来，其中一个开始嘲笑："小东，你的动作真好笑啊！"小东心里一紧，但想起小明的话，他决定先冷静下来。他停下跳绳，转过身，用平和的眼神看着对方，温和地问："你觉得我哪里可以改进呢？"这个出乎意料的回应让嘲笑他的同学一愣。

二、积极转化，展现自信态度

见对方语塞，小东笑了笑，继续说道："谢谢你的'建议'，我知道自己的动作不标准，但我在努力进步。每个人都有不擅长的事，对吧？我也看到了你的进步，真心为你们高兴。"小东的话语中充满了真诚与自信，他没有直接反驳嘲笑，而是把话题引向共同成长的主题，这让原本想要嘲笑他的同学感到不好意思。

三、邀请参与，建立正面互动

感受到氛围的变化，小东决定进一步打破隔阂。"其实，如果你们愿意，我们可以一起练习，相互学习，我挺希望向你们学习呢。"小东的提议让现场的气氛彻底转变，之前嘲笑他的同学面露惊讶，随后微笑起来。其中一个同学拍了拍手说："好啊，小东，一起加油！"小东明白了，面对嘲笑，最好的回应是自信与包容，以及邀请对方成为成长路上的伙伴，这不仅能维护自己的尊严，还促进了同学间的友好互动。

技巧万花筒

沟通方式 1 冷静询问 + 真诚反馈 + 邀请建议

当面对嘲笑或负面评价时，首先保持冷静，用询问的方式展现你的开放态度；接着给予真诚的反馈，表明你在乎并正在努力；最后，邀请对方提出具体建议，转冲突为合作机会。

沟通参考

你们觉得我哪里可以改进呢？我确实意识到自己有不足之处，正在努力。或许你们有什么好的建议吗？

沟通方式 2 肯定认可 + 自我表达 + 共同成长主题

肯定对方可能的正面动机；表达自己的感受和努力方向；并将话题引向共同成长的话题，以此促进相互理解和尊重。

沟通参考

谢谢你们的关注，每个人都有成长空间。我看到你们也在不断进步，让我们一起加油，相互学习。

面对突如其来的嘲笑，我心中瞬间涌上一股异样的感觉，那是被误解和贬低的刺痛感。但我选择了不回避，也不针锋相对，而是以一种平和且自信的态度回应。在那短暂的交锋后，我感受到一种由内而外的力量，那是通过有效沟通赢得的尊重与理解。我意识到，真正的胜利不是在言语上压倒对方，而是在心态上超越了最初的自己。此刻，我的心里没有了愤怒或沮丧，取而代之的是一种释然和成长的喜悦。我更加确信，每一次冲突都是成长的契机，而有效沟通就是那把开启自我提升之门的钥匙。

在人际交往中，"邀请建议"就是我们主动请别人给我们提意见或想法，这样做很重要，因为它可以把原本别人单方面给我们的评价，变成一个双方可以一起合作的机会。当我们邀请别人给予建议，比如问"你觉得我这样做怎么样？"或者"你有什么建议吗？"，我们就是在告诉对方我们尊重他们的想法，愿意听取他们的意见。这样不仅能帮助我们从不同角度看问题，还能让对方感到被重视。

邀请建议能让对话更加积极和具有建设性。我们不是在等待别人来评价我们，而是主动寻求帮助和合作，这样大家就能一起找到更好的解决方案。

情景小舞台

小明，下周讨论会主题是信息化时代的终身学习，我好愁啊。

为啥愁呢？终身学习就是一直学新东西呗。

可我不懂，信息化时代学什么？感觉东西太多，更新太快了。

主要是学习使用新技术，比如电脑、网络那些，还有新知识。

那要怎么跟上呢？我怕自己落后。

挑你感兴趣的领域，关注最新动态，慢慢探索。

听起来容易，做起来难。我该从哪儿开始呢？

可以从学校电脑课学起，再上网找些趣味教程。

如此沟通

一、引发共鸣的开场

小华站在讲台上，微笑着扫视全场的同学。他深知，要想让大家理解信息化时代的终身学习，首先得找到共鸣点。"大家好，有没有觉得家里的大人总是让我们少玩手机，多看书？但你们知道吗，手机和电脑不只是用来玩游戏的，它们其实是通往世界的窗口。"小华用简单的对比，成功吸引了同学们的注意。

二、生动举例，化解困惑

小华进一步说明道："比如，你们有没有想过，为什么现在老师会教我们用电子设备做作业？"他顿了顿，环视四周，继续说道，"那是因为，在未来的工作中，我们需要用这些技能解决问题。就像我们学会骑自行车后，就可以去更远的地方探险一样。"小华还分享了自己通过网络视频自学折纸艺术的经历。

三、互动提问，激发思考

最后，小华希望通过互动，让每个同学都参与到讨论中来。"我想问问大家，你们最想学的新技能是什么？"问题一出，教室里立刻活跃起来，有的说想学编程，有的对太空探索充满好奇。小华趁热打铁："看，每个人都有自己的梦想和兴趣，信息化时代给了我们无限可能。只要保持好奇心，勇于尝试，我们就能在这个快速变化的世界中不断前行。"

沟通方式 1 **共同经历 + 相关类比 + 正面展望**

先找到与听众的共同点或相似体验；然后通过形象的比喻或类比让概念易于理解；最后描绘正面愿景，激发听众的兴趣和动力。

沟通参考

就像我们喜欢探索新的游戏关卡，信息化时代的学习也是这样一场大冒险，每天都有新知识等着我们去发现。

沟通方式 2 **提出问题 + 具体事例 + 提炼启示**

先抛出一个问题或现象引起听众思考；紧接着给出一个生动具体的例子来加以证明；最后提炼出案例背后的启示或价值。

沟通参考

比如，你们有没有想过，为什么现在老师会教我们用电子设备做作业？那是因为，在未来的工作中，我们需要用这些技能解决问题。

成长的天空

当我结束在讨论会上关于信息化时代终身学习的分享时，我回想起刚才的每一句话，从用共同的生活体验引起共鸣，到用实际例子让大家感同身受，再到鼓励互动、激发每个人的思考，每一个环节都像是精心搭建的桥梁，让我与听众的心灵距离悄然拉近。尤其在问答环节，看到同学们踊跃提问，那份对于未知世界的好奇与渴望，让我深切体会到沟通的力量——它不仅仅传递了知识，更是点燃了彼此心中求知的火种。

知识分诊台

在沟通中，运用相关类比是一个很好的方式，可以帮助对方理解我们的意思。相关类比就是用一个相似的事物来帮助解释另一个事物。它的好处是能够让复杂或抽象的概念变得简单和具体，更容易被理解。使用相关类比还能激发对方的好奇心和兴趣，让对话变得更加生动有趣。当我们用类比来表达观点时，别人就能更快地抓住我们的意思，也能更好地记住我们说的话。

所以，运用相关类比是我们与人沟通时的一个好技巧。它不仅能帮助我们更有效地传递信息，还能让我们的交流更加顺畅和愉快。

情景小舞台

老师，我有件事好苦恼，想请您帮帮我。

小红，有什么事情让你这么烦恼呢？说来听听。

我朋友小芳遇到难题就想放弃，怎么办？

了解情况很重要，你先告诉老师，小芳具体遇到了什么困难？

数学题太难，她说怎么做也做不对。

面对挑战想逃避很正常，关键是要鼓励她。你可以试试分享你克服困难的经历。

如此沟通

一、情绪认同与冷静邀请

小红找到小芳，轻声说："小芳，我听说数学题把你难倒了？我有时也觉得那些题目像迷宫一样，进去容易出来难。"小红的话语里充满了理解和共鸣，让小芳感到温暖。小红接着说："不过每个人都有自己的难题，就像超级英雄也有他们要战胜的怪兽。我们其实是在升级打怪呢！"小芳嘴角微微上扬，似乎被小红的话触动了。

二、倾听与理解对方

见小芳的情绪有所缓和，小红继续用轻松愉快的语调说："你知道最酷的事情是什么吗？就是当你终于解开那个难题时，那种成就感，就像是找到了宝藏的钥匙！我们不妨换个角度看，把这些难题当作探险游戏中的关卡，每过一关，我们就变得更强大了！"小红边说边用手比划着。小芳的眼神从迷茫逐渐变得坚定。

三、提出解决方案与展望未来

感受到小芳的变化，小红趁热打铁："小芳，我们来做个约定怎么样？以后遇到难题，不要一个人躲起来，我们一起面对。有我在，你不会孤单。"小红伸出手，等待小芳的回应。小芳犹豫片刻，最终也紧紧握住小红的手："好，我们一起加油！"两人相视而笑，心中都种下了一颗不畏困难、勇往直前的种子。从此，在学习的路上，她们成为了彼此最坚强的后盾。

小红　　　　　　　　　　　　　　　　　小芳

技巧万花筒

沟通方式 1 共鸣情感 + 个人经历分享 + 正面比喻

通过表达对对方情感的理解和共鸣来建立连接；然后分享个人类似的经历以展示共同点；最后使用正面且生动的比喻来重新定义问题，使之显得不那么可怕。

沟通参考

我完全能理解你现在的感受，上次我也为准备演讲紧张得不行，感觉像是站在悬崖边。但后来我发现，准备充分就像给自己织了张"安全网"。想象一下，我们不是在跳崖，而是在做高空弹跳，虽然一开始吓人，但一旦跳出去，那种自由飞翔的感觉是超棒的！

沟通方式 2 问题重定向 + 目标共识设定 + 团队合作提议

首先通过提问引导对方从当前困境中抽离，思考更广阔的视角或解决方案；接着明确双方共同追求的目标，增强合作动力；最后提出一起行动的具体方案，强化团队协作感。

沟通参考

如果我们不被这道题难住，你觉得我们能学到什么新东西呢？我觉得咱们的目标不仅是解出题，更是学会解决问题的方法。不如这样，我们分头找资料，然后一起讨论，就像侦探组合破解谜案，怎么样？

　　我知道，这一刻的鼓励对她至关重要。我深吸一口气，让自己的声音变得温柔而坚定，我分享了自己曾经面对挑战时的彷徨与突破，试图在我们之间架起一座共鸣的桥梁。我看见她的眼神从迷惘转为好奇，心中的石头悄然落地。当小芳的嘴角微微上扬，眼神中重新焕发出光芒，我知道，我的话已经悄悄在她心中生根发芽。那一刻，我内心的满足感无以言表。我暗暗告诉自己，有效沟通的力量如此巨大，它不仅能帮助他人跨越障碍，也是自我成长的宝贵契机。这种正面影响他人所带来的内在喜悦，比任何赞誉都要来得深刻和持久。

　　当我们面对较为枯燥的谈话内容时，也可以用类比转化的方式去解释，这样做能够让信息变得更加生动、形象，也更容易被人接受和理解。类比转化也可以用于解释对方不熟悉或难以理解的观点，这样就能够使对方更快地抓住要点，从而更有效地传达我们的想法和意图。

不敢尝试新事物，怎么办

小华　　　　　　　　　　小明

情景小舞台

小明，我有个烦恼，能请你听听吗？

当然可以，小华，说来听听。

我发现小东不敢尝试新事物，比如新游戏、新运动。

这样啊，那你试过鼓励他吗？

试过了，但他总说"我不行"或者"我害怕。"

也许他需要从小步骤开始，不急着做大跨越。

对，我也这么想，但是不清楚具体该怎么做。

如 此 沟 通

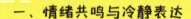

一、情绪共鸣与冷静表达

小华找到了正在角落独自看书的小东。他轻轻坐下，微笑着说："小东，我最近遇到了个难题，就是会害怕去尝试我没做过的事情。"小东抬头，眼神中闪过一丝惊讶，随即点了点头。小华继续说："比如上次科学课的新实验，我紧张得手心都出汗了。"通过分享自己的经历，小华建立了与小东的情感共鸣。

二、事实呈现与自我反思

感受到小东的防备渐渐放下，小华温和地提出了下一个话题："你知道我后来是怎么克服的吗？我有个小秘密武器——'小步骤'策略。"小东好奇地看向小华。"就是把大任务分解成很多小步骤，一步步来，就像我们爬山，不用看山顶，只关注脚下的路。"小华接着提议："不如我们从你喜欢的事情开始，比如你喜欢画画，咱们可以试试不同风格的画，就一点点变化，怎么样？"

三、解决方案与未来规划

几天后，小华带着小东一起参加了一个简单的工作坊，主题是创意绘画。在轻松愉快的氛围中，小东尝试用从未用过的色彩和线条画画，虽然开始时还有些犹豫，但在小华不断的鼓励和陪伴下，他逐渐放松，在作品完成后露出了满意的笑容。活动结束后，两人坐在草地上，小华举起手中的饮料，轻碰小东的：为我们的小胜利干杯！"小东也笑了："谢谢你，小华，原来尝试新事物也没那么可怕。"

小华　　　　小东

沟通方式 1 共鸣建立 + 个人经历分享 + 情感链接

通过表达对对方感受的理解和共鸣；分享自己类似的经历来拉近距离；最后强化情感上的联系和支持。

沟通参考

我完全能理解你现在的担心，记得我第一次上台演讲时，也是紧张得不行。那时我心跳加速，手心直冒汗，但是当我想到大家其实都是来学习的，就慢慢放松了。我们都是在一次次尝试中成长的，对吧？

沟通方式 2 逐步引导策略 + 具体行动建议 + 正面激励

提供一个易于接受的方法来降低对方的抵触感；接着给出实际可行的小步骤建议；并通过积极正面的语言增强其信心和动力。

沟通参考

你可以试试从小事做起，比如先观察一种新植物开始，不需要马上成为专家。明天我们可以一起去校园的植物园，就从认识五种不同的叶子开始，每一次的小发现都是向前的一大步，你会发现自己比想象中更勇敢。

成长的天空

在与小东深入交谈之后，我的心中涌起一股暖流。一开始，我还有些忐忑，担心自己的方法会不会让小东感到有压力。但当我看到他从最初的防备到逐渐敞开心扉，那份顾虑便烟消云散了。通过分享自己的不完美和恐惧，我意识到我们每个人都有脆弱的一面，而正是这份共鸣，让我们的心灵得以靠近。这次经历让我更加懂得，真正的友谊就是在对方需要时伸出援手，共历风雨，共享彩虹。我感到自己也在这一过程中成长了，学会了如何以更加细腻和智慧的方式去影响和鼓励身边的人。

知识分诊台

在人与人的相处中，"真实分享"非常重要。真实分享就是把我们真实的感受、想法和经历告诉别人，不隐藏，不伪装。当我们和朋友分享自己的故事时，无论是快乐的还是难过的故事，我们都可以诚恳地告诉对方，这是与对方建立信任和亲密感的过程。这样做能让别人感受到我们愿意和他们分享生活的点点滴滴，把他们当作好朋友。

通过真实分享，我们不仅能得到别人的理解和支持，还能让彼此间的友谊更加深厚。因为当我们真诚地分享时，别人也会更愿意分享，这样大家就能更好地相互了解和支持。真实分享可以为深度的对话打下基础，也可以为解决冲突、提供支持以及促进个人成长创造有利条件。

怎样克服输不起的心理

情景小舞台

小明，我有点烦，想跟你聊聊。

怎么了，小红？说出来，看我能不能帮上忙。

小芳比赛输了就哭，我觉得她太怕输了。

是吗？可能是自尊心强，想赢怕输。

但我该怎么劝她呢？总不能老这样吧。

试试跟她说，失败没事，重要的是学到东西。

可她老觉得别人会笑话她。

如此沟通

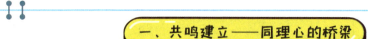

一、共鸣建立——同理心的桥梁

小红找到小芳，没有直接提及比赛的事情，而是温柔地说："小芳，你知道吗？我上次数学考试没考好，心里特别难受。"小芳抬起头，眼中闪过一丝惊讶。小红继续说道："那时候我觉得自己好像做什么都不行，但是后来想了想，每个人都有不顺利的时候，对不对？"

二、正面引导——失败是成长的阶梯

感受到小芳的情绪有所缓和，小红话锋一转，轻声细语地说："屠呦呦经历了无数次的实验失败。但是她坚持不懈，最终成功提取出青蒿素。"小红用简单的故事，巧妙地传达了一个深刻的道理——失败是通往成功的必经之路。她接着说："小芳，失败只是告诉我们，有些地方我们还可以做得更好。"

三、目标设定——小步前进，大步超越

看到小芳的眼神逐渐明亮起来，小红趁热打铁："小芳，不如我们定个小目标吧，下次比赛前，我们每天放学后一起练习十分钟。不求快，只求稳，一点点进步。"小红边说边伸出了小拇指，示意小芳拉钩。"而且，比赛时，不管结果如何，我们都为对方鼓掌，好不好？"小红的笑容温暖而坚定，小芳犹豫片刻，最终微笑着点了点头。

小红

小芳

沟通方式1 共鸣建立 + 共情表达 + 真实分享

首先寻找与对方情感上的共鸣点；通过共情表达理解对方的感受；再分享自己的类似经历来加深这种共鸣，使对方感到被理解且不孤单。

沟通参考

我上次也遇到过这样的情况，心里特别不是滋味，那时候觉得自己孤立无援。但后来我发现，原来大家都有这样的时刻。

沟通方式2 正面激励 + 成功案例 + 个人潜能强调

通过正面的语言激励对方；引用或编造一个成功案例作为榜样；强调每个人（包括对方）都拥有未开发的潜能，可以克服困难，取得成功。

沟通参考

你知道吗？迈克尔·乔丹也曾被校队淘汰，但他没有放弃，最终成为篮球巨星。这说明，只要不放弃，你也能发掘自己的无限可能。

起初，我是带着几分忐忑接近她的，生怕我的话语伤害到她。然而，当我看到小芳从最初的低落，到慢慢抬起头，眼神中重新焕发出光芒，那一刻，我仿佛看到了她心中的火花被重新点燃。最后，当我们共同设定小目标，手指相扣许下承诺时，那份力量和决心让我深信，我们不仅能跨越眼前的困难，还能一起飞得更高更远。这份经历，不仅帮助了小芳，也让我学会了如何以更细腻、更有力的方式去支持我所在乎的人。

在人际沟通中，情感链接可以帮助我们和他人走得更近。情感链接就是让我们设身处地地去感受别人的心情，然后表达出我们的理解和关心，从而让对方感到被尊重和被接纳。在这个过程中，我们可以分享个人经历，比如可以说"我也有过类似的经历"，这样可以和对方产生情感链接，从而能让对方感觉他们并不孤单。情感链接能让我们和对方一起感受快乐或悲伤，从而加深彼此之间的信任和亲密度。

总之，情感链接是我们与人沟通时的一个重要技巧。它不仅能让我们的对话更加真诚和深入，还能帮助我们建立更牢固的友谊。记得用心去感受和理解别人，这样我们就能更好地与人相处。

学习老是没有进步，怎么办

情景小舞台

 老师，有件事想请您帮帮我。

当然，小红，有什么事情让你苦恼呢？

 我发现小芳因为学习一直没进步，好像很难过。

那你平时是怎么帮助小芳的呢？

 我试过给她讲解题目，但她还是不懂。

小红，帮助他人进步需要耐心，也许可以换个方法试试。

 可我不知道还有什么好方法，怕伤了她的自尊心。

如此沟通

一、建立共鸣与理解

　　小红走到小芳身旁，看到她正对着一道数学题皱眉。小红轻声说："小芳，这道题我也觉得挺难的，会卡在这里好久。"小芳抬头，眼神中闪过一丝惊讶，随即苦笑道："你也这样啊，我以为只有我不行。"小红微笑着坐下："我们都还在学习嘛。"

二、提出解决方案与承诺

　　小红接着说："我们一起列个学习计划怎么样？比如每天下午放学后，我们一起复习半小时数学？"小芳犹豫了一下，但看到小红认真的表情，点了点头："好，但是我不知道从哪里开始。"小红迅速在本子上画了一个时间表："我们就从最基础的概念开始，一步步来，你觉得难的地方我们就多花点时间。"小芳的眼睛亮了起来。

三、强调认可与期待

　　几天后，小红注意到小芳的解题速度有所提升，她感到很欣慰。在一次学习结束后，小红诚恳地说："小芳，我注意到你对解那些难题越来越有感觉了，特别是昨天做那道应用题，你的思路清晰多了！"小芳的脸上露出了久违的笑容："真的吗？我都没发现自己进步了。"

小红　　　　　　小芳

沟通方式 1 共鸣建立 + 情感共享 + 开放姿态

首先通过表达自己的相似经历或感受与对方建立共鸣；接着分享个人的情感体验以加深相互理解；最后保持开放的身体语言和态度，鼓励对方表达自己。

沟通参考

我上次考试前也超级紧张，感觉好多东西都还没掌握呢！咱们都一样，面对挑战时会有点不安。但后来我发现，跟朋友聊聊这些烦恼，心情就好多了。你现在想聊聊吗？我在这儿听着呢。

沟通方式 2 共同目标 + 实际行动 + 实际利益

明确一个双方可以共同努力的具体目标；提议采取实际行动步骤；并强调一步一步实施的重要性，确保目标实现的可行性。

沟通参考

咱们设定个小目标，每天额外花 20 分钟专攻数学难题，怎么样？我们可以轮流挑题目，互相讲解，这样学起来既高效又有趣。不急，一天一点进步，很快就会看到变化的。

成长的天空

当我看到小芳眼中重新燃起的光芒，心中涌起一股暖流。这个过程也让我成长，我学会了如何更细腻地体察他人的感受，如何在他人遇到困境时，用正确的方式伸出援手。我开始明白，真正的友谊就是在彼此需要时，成为对方的灯塔，照亮前行的路。现在，每当我们肩并肩攻克难题，那份默契与喜悦，都是对我最初的有效沟通最好的回馈。这份经历让我深刻体会到，用心沟通，真的可以创造奇迹。

知识分诊台

在人际交往中，认可对方的进步是一种很好的交流方式，它能够提升对方对自我价值的认同感。当我们看到朋友或同学做得好时，可以告诉他们"你做得很棒，我看到你比以前进步了"，这会让他们感到高兴和自豪。这样做能营造出一种积极的氛围，因为每个人都喜欢被赞美和认可。

认可对方的进步不仅能促进个体的发展，也能深化我们与他人的关系，让他们感到自己的成长和努力被看到。当我们表达认可时，对方会知道我们关心他们，愿意支持他们。所以，当你看到别人做得好时，不要吝啬你的赞美，因为这能带来很多正能量。

小红

小明

情景小舞台

嘿,小明,你今天好像有点心事?

是啊,小红。小东不愿学习新东西,怎么劝都不听,我正发愁呢。

这样啊,你有没有听听他的真实想法呢?

他说现在学的够用了,没必要跳出舒适区,不想那么累。

可能他觉得害怕挑战吧。你试过告诉他新知识的乐趣吗?

说过,但他听不进去,我觉得很难跟他沟通。

如此沟通

一、建立情感共鸣

小明决定从他们共同的兴趣入手："小东，记得上次咱们一起解那个数学难题的事吗？当时感觉超难，但解开后是不是特别有成就感？"小东眼睛一亮："对啊，那次真爽！"小明微笑着继续："那就是跳出舒适区的一点点尝试。其实学习新东西就像探险，虽然开始可能会有点难，但最后的收获让人兴奋。"

二、表达个人兴趣与担忧

小明轻轻踢着脚下的小石子，话锋一转："小东，你想过以后想成为什么样的人吗？比如科学家、工程师或者画家？"小东想了想："我想做游戏设计师，创造出自己的游戏！""那就对了！"小明眼睛里闪烁着光芒，"成为一个优秀的游戏设计师，需要不断学习新技能和知识，比如编程、美术设计，甚至心理学。如果不跳出现在的舒适区，怎么掌握这些技能呢？"小东若有所思地点点头，似乎被触动了。

三、提出解决方案，寻求支持

见小东有所动容，小明趁热打铁："不如我们从小事做起，比如每周学一个新概念，或者尝试解决一个以前觉得难的题目。我陪你一起，咱们互相帮助，怎么样？"小东露出了笑容："听起来不错，有个伴儿一起学习，感觉就不那么可怕了。"

小明　　小东

沟通方式 1　共鸣建立 + 价值呈现 + 共同目标设定

　　首先通过找到与对方共鸣的点建立情感联系；接着展示行动的价值和意义；最后提出一个双方可以共同努力的目标，增强合作意愿。

沟通参考

　　小东，就像上次我们一起拼的那个乐高城堡，开始觉得好复杂，但完成后超有成就感，对不对？学习新知识也是这样，虽然开头难，但它能帮我们解锁更多的可能。不如我们定个小目标，每天挑战一个新知识点，一起进步，如何？

沟通方式 2　问题引导 + 情景设想 + 正面激励

　　先提出一个问题引发对方思考；然后描绘一个积极的情景让对方憧憬；最后给予正面的鼓励和支持，增强其信心。

沟通参考

　　小东，想象一下，如果你能设计出自己梦想中的游戏，会是什么样子？那一定超级酷，充满创意，让所有玩的人都赞叹不已！现在每一步的学习，都是在为那个梦想铺路，我相信你绝对能做到！

成长的天空

　　当我运用那些精心准备的沟通话语与小东交流后，我内心涌动着一种难以言喻的满足感。一开始，我还略微忐忑，担心我的话是否能触动他，但当我们的眼神交汇，我看到了他眼中闪烁的好奇与兴奋，我知道，共鸣已悄然建立。通过这次有效的沟通，我不但帮助小东看到了前进的方向，也让自己深刻体会到沟通的力量——它不仅能搭建心灵的桥梁，还能激发潜在的能量，推动彼此向着共同的目标迈进。此刻的我，更加坚信，良好的沟通是通往成功与理解的不可或缺的钥匙。

知识分诊台

　　在沟通中，"价值呈现"就是向别人展示一个想法或计划将来会有多好。它通过向他人展示一个事物未来可能带来的价值和好处，让他人相信这是值得投入时间和努力的。这很重要，因为它能激发别人的兴趣，让他们期待和支持我们的计划。

　　要做到价值呈现，我们可以告诉别人这个计划成功后会有什么样的好处，比如可以说"学习新技能可以让我们更高效地处理问题"，也可以通过讲故事的方式，让别人想象实现后的情景。

　　总之，价值呈现是我们与人沟通时的一个有用的技巧。它不仅能让我们的想法更吸引人，还能帮助我们赢得别人的支持。

 小明，我心里有些烦，想跟你聊聊。

当然可以，小华，说出来吧！

 今天有人可能冒犯了我，但我没察觉。

是吗？怎么发生的呢？

 后来想想他说的话，觉得不太礼貌。

那你当时感觉怎么样？

 其实我当时就挺生气的，但不确定他是不是故意的，现在回想起来很窝火。

嗯，先冷静下来很重要。深呼吸，深呼吸。

如此沟通

一、情绪感知与自我冷静

阳光明媚的下午，小华和同学们在操场上玩游戏。突然，小胖不经意的一句话让小华脸色一沉，那是一句听起来略带嘲笑意味的评论。小华心里顿时像被针扎了一样，一股怒气直冲脑门。但他记得老师教过的情绪管理方法——先停三秒，深呼吸。小华默默地数到十，深吸一口气，告诉自己："我现在很生气，但不能冲动。"

二、开放式提问，理解对方意图

情绪稍微平复后，小华决定采用更积极的沟通方式解决问题。他走向小胖，用尽量平和的语气说："小胖，你刚才是不是有什么不开心的事？为什么那样说呢？"小胖看起来有些惊讶，随后不好意思地解释，他只是想开个玩笑。

三、表达感受，寻求共识

了解到小胖并非有意冒犯后，小华选择坦诚表达自己的感受："听到那句话时，我其实挺难过的，以为你是在嘲笑我。我们是好朋友，我希望我们能相互尊重，不要开可能会让人误会的玩笑。"小华的话语中充满了真诚与理解，同时也设定了友好的界限。小胖听后立刻道歉，表示以后会更加注意言辞，两人握手言和。

小胖　　　　小华

技巧万花筒

沟通方式 1 情绪识别 + 深呼吸 + 暂停对话

在情绪即将爆发时，首先识别自己的情绪状态；然后通过深呼吸来放松身体；最后决定是否需要暂停对话，给自己时间思考和冷静。

沟通参考

我感觉有点生气，先让我深呼吸几下，我们稍后再继续聊。

沟通方式 2 分享感受 + 提出建议 + 寻找解决方案

采用开放式问题引导对方分享他们的想法或意图；接着诚实地表达自己的感受；最后邀请对方给出解释，促进相互理解。

沟通参考

你刚才的那句话让我有点难过，你能告诉我你的意思是什么吗？我想听听你的看法。

成长的天空

在成功运用那些沟通技巧后，我心中有一种前所未有的平静与释然。我意识到，有效的沟通不仅帮助我控制了愤怒，还加深了我对自我情绪管理能力的认识。我的内心充满了成就感，因为我知道，在面对冲突和误解时，我已经学会了如何用更加成熟和理性的方式去应对。这种成长的感觉，比任何胜利都要甜美。我期待着将这份收获应用到未来的日子里，让每一次沟通都成为增进理解和连接的桥梁。

知识分诊台

在沟通理论中，情绪识别是指看清楚自己和他人的情绪状态。情绪识别很重要，因为它能帮助我们更好地理解自己和他人。当我们能识别自己的情绪时，我们就能更好地表达自己，告诉别人我们为什么高兴或不高兴。而当我们识别到别人的情绪时，我们就能更好地对待他们，比如当我们识别到朋友难过时，我们就可以安慰他。

情绪识别的好处是，它不仅能让沟通变得更加顺畅，而且能加深彼此的感情。我们可以通过情绪识别与别人建立更深层次的联系，从而避免误解和冲突，同时我们也能因此成为更好的朋友和家人。只有学会识别情绪，才能更好地与人相处。

 老师，有件事想请您帮帮我。

小红，有什么烦恼呢？说来听听。

 我朋友小芳总说对未来害怕，我有点担心她。

怕什么呢？具体点说说。

 她说不知道长大后能做什么，感觉迷茫。

这是很正常的感受，你先倾听她的诉说，给她支持。

如此沟通

一、共情理解，开启对话

　　小红特地选了一个阳光明媚的下午，约了小芳到学校的后花园散步。她知道，舒适的环境有助于放松心情，更容易敞开心扉。小红轻声说："小芳，我最近发现你总是提到对未来的担心，我虽然不能完全理解你，但我真的很想和你一起分担。"

二、分享经历，减轻恐惧

　　小红接着说："其实，我也曾经担心过长大以后的事情，比如会不会找到喜欢的工作，能不能交到好朋友。但是后来我发现，我们还这么小，有太多的可能性等着我们去尝试。"小红分享了自己的担忧和如何逐渐战胜恐惧的过程，用亲身经历告诉小芳，恐惧是成长的一部分，但也是可以通过行动减少的。她说道："就像我们去年学骑自行车，一开始都害怕摔倒，但多练习几次，现在骑得飞快，对不对？"

三、设定小目标，携手探索

　　感觉到小芳的情绪有所缓和，小红提议道："不如这样，我们从现在开始，每个月尝试一件新事物，你觉得怎么样？"小红用实际行动的建议，引导小芳从当下做起，把对未来的恐惧转化为对新事物的好奇和探索。小芳听后，脸上露出了久违的笑容，她感激地看向小红："小红，有你真好！我们一起加油吧！"

小红　　　　　　　　　　小芳

 沟通方式 1 **共鸣建立 ＋ 情绪认可 ＋ 开放性提问**

首先通过分享个人的类似经历或情感状态建立共鸣；接着明确表示对对方情绪的理解与认可；最后提出开放式问题，鼓励对方表达自我。

沟通参考

我有时也会对未来感到迷茫，那种不确定感挺让人焦虑的，对吧？你能告诉我，最让你担心的是哪方面的事情呢？

沟通方式 2 **正面视角转换 ＋ 具体实例 ＋ 共同愿景设定**

引导对方从不同角度看待问题；使用积极向上的例子作为支撑；共同设定一个可实现的短期或长期目标来激励前进。

沟通参考

想象一下，每次克服一个小挑战，就像游戏里升级一样，会让我们的"未来探索技能"更强。比如，我们可以一起报名参加科学俱乐部，一步步接近成为科学家的梦想！

成长的天空

　　一开始，我还有些忐忑，担心自己无法安慰到她。但是，通过分享我的小小不安，我发现我们之间的距离在无形中被拉近了。这让我深刻体会到，改变一个人的情绪状态，有时候并不需要长篇大论，一个简单的转念，就足以开启一个新的世界。这次沟通之后，我的心里充满了力量。我明白了，有效的沟通不仅能够解决当下的问题，更能为彼此的关系铺垫更加坚实的基础。

知识分诊台

　　在与人交往时，进行正面视角转换非常重要。正面视角转换就是当遇到问题或困难时，不是只看到坏的一面，而是努力找到好的一面，比如把摔倒看作是学会坚强的机会。要做到正面视角转换，我们可以练习从不同的角度想事情。

　　正面视角转换的好处是，它能帮助我们保持乐观的心态，减少烦恼和压力。当我们用积极的眼光看待事情时，就能更容易地找到解决问题的方法，也能鼓励身边的人这样做。所以当下次遇到不顺心的事情时，试着从正面看看，这样，我们就能发现不一样的美好。

11 书太多，无法选择，怎么办

 小红，我有点烦，想跟你说说。

怎么了，小明？有心事吗？

 小东最近很苦恼，书太多都挑花眼了。

啊，那确实挺麻烦的。他喜欢什么类型的书？

 他就说不知道自己喜欢啥类型的，看着都晕。

可能需要先确定兴趣呢。有没有试过挑一本封面最吸引他的书？

 没呢，这主意不错！可是我不太清楚该怎样跟他讲。

如此沟通

一、情感共鸣与共享兴趣

小明注意到小东站在图书馆的书架前，眉头紧锁，显得有些不知所措。他走到小东身旁，没有急于给出建议，而是温柔地问："小东，是不是觉得这些书多得让人眼花缭乱，不知道该怎么选啊？"小东点了点头。小明继续说："我有时候也会这样，面对太多选择反而不知道该怎么办了。"

二、引入科学信息，温和引导

见小东放松下来，小明接着说："不如我们先想想，你今天来图书馆最想达成什么目的？是想找一本有趣的冒险故事放松一下，还是需要找一本参考书帮着解决数学难题？"这样的提问帮助小东思考，而不是迷失在眼前的众多选择中。小东想了想，回答说："其实我是想找到一本能让我了解宇宙奥秘的书。"小明立刻点头表示赞许："太好了！有了目标，我们就可以像侦探一样，一步步缩小范围。"

三、共同决策与实践

确定了目标后，小明带着小东来到科普区，说："我们先看这一排，书脊上的标题通常会告诉我们书的大致内容。你快速浏览，看到和宇宙有关的就指出来，我们再一起决定哪本看起来最吸引人。"小东按照小明的方法，很快就在几本书中找到了兴趣点。小明鼓励道："看，这样一来，是不是就没那么难选择了？"

沟通方式 1　情感认同＋个人经历分享＋开放性问题

首先通过表达对对方情感的理解和认同建立联系；然后分享个人相似经历以加深共鸣；最后提出开放性问题，鼓励对方表达感受。

沟通参考

我完全理解你的困扰，记得我上次面对那么多选择时也是超级纠结。有次我想挑个生日礼物，每个都觉得不错，最后却一个也没买成。你是怎么开始感到迷茫的呢？有没有什么特别的想法或偏好？

沟通方式 2　引导式提问＋具体化目标＋正面激励

通过提问帮助对方明确目标；接着将目标具体化以便实施；最后用正面语言激励对方采取行动。

沟通参考

你觉得今天最想从阅读中得到什么呢？如果能具体到一个主题或目标，比如学习新技能或放松心情，会不会更容易确定？确定了方向，我们就能一步步接近，我相信你会找到最合适的选择。

成长的天空

当我尝试站在小东的角度去感受他的困惑，用我的经历与他共鸣时，我感觉到我们之间的距离瞬间被拉近了。每个人在面对选择的海洋时都可能感到无力，而一个简单的指引，一份耐心的陪伴，就能成为最坚实的舟桨。看到小东的眼神从犹豫转为坚定，我知道，我做到了。真正的沟通是用心去倾听，用智慧去引导，让对方在不知不觉中发现自己内在的力量。这份体验，无疑会成为我们友谊中宝贵的一课，也提醒我在未来的日子里，继续用爱和智慧去照亮他人的旅程。

知识分诊台

"明确任务"可以将自己的任务用简洁的话概括出来。这样做很重要，因为这可以帮助我们更有效地选择和行动。当我们面对很多任务或选择时，如果能把任务明确，就能更快地决定做事的先后顺序，这样就不会感到不知所措。明确任务能让我们做事更有效率，也能让我们更快乐。因为，当我们不用考虑太多，就能集中精力在一件事情上，这样就能做得更好，也更容易感到满足。

面对众多任务和选择时，试着找出最重要的那一个，这样我们就能更轻松地完成任务，享受做事的过程。

情景小舞台

小东，我觉得有些烦，可以跟你聊聊吗？

当然，小明，有什么事情让你苦恼？

我朋友小华总是嫉妒别人做得好，我不知怎么帮他。

哎，嫉妒这事儿挺复杂的。具体体现在哪些事情上呢？

比如小李的画获奖，他就有些不开心。

可能他觉得自己不够好，你可以试着鼓励他也找到自己的优点。

如 此 沟 通

一、共情理解，建立桥梁

　　小明轻拍着小华的肩膀，温柔地说："小华，我发现你最近总有点闷闷不乐，是因为看到别人做得好吗？"小华抿着嘴点了点头，眼里闪过一丝羡慕与不甘。小明继续说道："你知道吗？我也曾有过这样的感受。但后来我意识到，每个人都有自己的舞台和时刻。"

二、引导发现，增强自信

　　午休时间，小明拉着小华来到学校的操场边坐下，周围是同学们的欢声笑语。"小华，记得上次科学实验课吗？你解那个电路难题比谁都快，我当时可羡慕你了！"小明的眼神里满是真诚，"每个人都有自己的闪光点，你的逻辑思维超级棒，这是很多人都羡慕不来的能力呢！"

三、设定目标，共同成长

　　放学后，小明提议道："小华，不如我们来个小小的挑战吧！你教我怎么快速解数学题，我帮你提高画画技巧，怎么样？"小华犹豫片刻后，点了点头，眼中闪烁着新的光芒。"这样一来，我们既能学习对方的优点，也能一起变得更好，不用再羡慕别人，因为我们自己就在不断进步！"

沟通方式 1 共情表达 + 自身经历分享 + 正向肯定

首先通过共情表达理解对方的情感状态；接着分享自身的相似经历以建立共鸣；最后对对方进行正向肯定，强化其价值感。

沟通参考

我注意到你好像不太开心，记得我之前也因为没能上台表演而难过。但你知道吗？你的钢琴弹得真好听，那才叫真正的才华！

沟通方式 2 给予赞美 + 强调优势 + 激发动力

通过指出对方的具体优点给予赞美；强调这些优势的独特性和重要性；激发对方从内而外的成长动力。

沟通参考

那次科学竞赛，你解决问题的速度让我大开眼界。你的逻辑思维是我们班数一数二的，我相信你以后能解决更大的难题，不妨试试更高难度的挑战吧！

当我看到小华紧锁的眉头渐渐舒展，那双曾经充满嫉妒的眼睛里重新燃起希望，我的心中涌动着前所未有的满足和欣慰。我开始反思，每个人心中或许都有一片需要被理解和照亮的角落，而我有幸成为那个为小华带去光亮的人。最令我感动的是，当我们一起设定共同目标的那一刻，小华眼中闪烁的不仅是对未来的期待，还有愿意迈出改变步伐的决心。这份转变，让我深刻体会到，有效的沟通不仅仅是言语的交流，更是心灵的触碰，它能够激发人的潜能，促进彼此的成长。

在人际交往中，提议互帮互助就是建议大家互相帮助，一起解决问题或完成事情。比如，在学校里，如果一个同学不会做数学题，另一个同学帮忙解释，这样大家就都能学到东西。互帮互助的好处很多。首先，它能让大家都感到温暖，因为在困难时，大家会伸出援手，互相帮助。其次，互帮互助能让我们学到更多，因为每个人都有自己的长处和擅长的知识，我们可以互相学习。此外，互帮互助还能增强团队精神和友谊。当我们习惯于互相帮助，我们的关系就会变得更加紧密与和谐。

 嘿，小强，今天看起来有点心事重重啊？

是啊，小东。小明老是犹豫不决，选个东西都费劲，我真替他着急。

 优柔寡断可不好，得帮他一把。你试过给他列利弊清单吗？

试过了，但他还是纠结，说每个选项都有好有坏。

 那得引导他自己做决定，比如问他最看重什么。

嗯，但他说不清楚自己到底想要啥，我就懵了。

如此沟通

一、共情理解，建立信任

　　小强找了个安静的角落，与小明并肩坐下。小强温柔地开口道："小明，我注意到你最近总是在一些选择上犹豫不决，感觉挺辛苦的吧？其实，每个人都有这样的时候，包括我。"小明微微点头。小强继续说："咱们聊聊，不急着做决定，先说说看，是哪些事情让你这么为难呢？"

二、逐步引导，明确价值

　　小明缓缓道出了自己的困扰：选择参加学校的绘画小组还是科学俱乐部。小强听后，没有直接给出答案，而是说："听起来两个都很吸引你。先想想，参加这两个活动，你最想获得的是什么？"小强用提问的方式，引导小明思考自己内心真正追求的价值。接着，他从口袋里掏出两张纸，提议："不如这样，我们一张写绘画的好处，一张写科学的，看看哪边更能触动你的心？"

三、鼓励自主，肯定尝试

　　纸上渐渐填满了小明的字迹。对比之下，小明的眼神逐渐明亮起来。"我发现，我对探索未知的世界更有激情。"小明轻声说道。小强微笑着拍了拍他的背："看，你已经知道自己心里的答案了。无论选择哪个，记得，勇于尝试就是最好的开始。"

小强　　小明

沟通方式 1 共情表达 + 开放式提问 + 积极倾听

首先通过共情表达理解对方的情绪，建立情感连接；接着使用开放式提问鼓励对方分享更多的想法，促进深入交流；同时保持积极倾听的姿态，给予对方充分的表达空间。

沟通参考

我明白这让你很为难，换作是我也会犹豫。想跟我分享一下，当你想到参加绘画小组和科学俱乐部时，最先想到的是什么呢？

沟通方式 2 逐步引导 + 可视化思考 + 自主决策鼓励

通过逐步提问引导对方逐步澄清思路；利用可视化工具如列表、图表帮助思考具体化；最后鼓励对方基于清晰的自我认知做出自主决策。

沟通参考

让我们一步步来，想象一下，如果你选择了绘画小组，一天会是怎么样的？如果是科学俱乐部呢？我们可以简单列个表比较一下。最终，无论决定如何，都是你深思熟虑后的选择，我相信你能做出最适合自己的决定。

在那次与小明的深入交谈之后，我的内心充满了满足的感觉。提出开放式问题时，我仿佛能看见他眼中闪现的光芒，那是一种被理解和被引导发掘自我所激发的光芒。当我们一起展望未来，那份激励不仅鼓舞了小明，也点燃了我内心的火种，提醒我持续成长和正面影响他人的重要性。这次沟通，对我而言，不仅仅是一次成功的交流，更是一次心灵的滋养，这让我确信，真正的沟通是心与心的触碰，是在理解与被理解中共同绽放的成长之花。

可视化思考就是把我们的想法画成画，让人一眼就能看懂。在与人沟通时，这招特别有用，尤其是当我们要说一些听起来很复杂或者不太容易懂的事情时。比如，老师讲太阳系，如果把行星画成围绕太阳转的图，同学们就更容易理解。可视化思考的好处是，它能帮助人们更快地抓住重点，因为图画比文字更直观。当我们用图表、图示或者模型来展示信息时，别人就能更清楚地看到我们要表达的东西。

此外，可视化思考还能促进团队合作。当团队成员一起看同一张图或模型时，他们就能更好地交流想法，共同解决问题。

14 怎样做到既合群又能独处

情景小舞台

 小明，我好烦呀，小东既想合群又想独处，怎么办啊？

 哎，小东这样想还挺特别的嘛。

 是啊，但他好像两边都难兼顾。

 告诉他多参与集体活动，也保留个人时间呗。

 可他合群时怕失去自我，独处时又担心别人觉得他孤僻。

 那就把独处时做的趣事分享给大家

 好主意！

如此沟通

一、共鸣与理解

小华找到了正在独自画画的小东。他没有打断小东的创作，而是静静观察了一阵。才开口："小东，我发现你画画时真的超级专注，那份安静的力量很吸引人呢。"小东抬头，眼神里闪过一丝惊讶和感激。小华继续说道："我知道你有时想一个人静静地做自己喜欢的事，但又不想错过和大家在一起的快乐时光，这种感觉我也有过。"小东微微点头，感受到被理解。

二、提出建议，鼓励尝试

小华见状，适时引入话题："我有个想法，你可以试试'分时制'。比如说，放学后的前半小时和大家一起玩球，之后一个小时留给自己画画或者看书，怎么样？"小东眼睛一亮，似乎被这个提议触动了。小华接着鼓励道，"而且，你可以在群里分享你的画作或读书心得，和大家交流互动，这样不就两全其美了吗？"小东脸上露出了释然的笑容，开始认真考虑这个方案。

三、强调自我价值，建立信心

见小东有所动容，小华趁热打铁："最重要的是，你要相信自己无论是在人群中还是一个人的时候，都有独特的魅力。合群是因为你喜欢他们，独处是因为你需要成长。两者并不矛盾，反而是相互成就的。"小东听后，眼睛亮了，他紧紧握住小华的手，感激地说："谢谢你，小华，我现在知道该怎么做了。"

小华

小东

沟通方式 1　共鸣建立 + 逐步引导 + 正面强化

　　首先通过表达共鸣建立情感连接，让对方感受到被理解和被接纳；随后逐步提出具体建议或解决方案，引导对方思考或尝试新方法；最后使用正面语言强化对方的信心和价值感，鼓励其接受并实施改变。

沟通参考

　　我完全能理解你有时候想要有自己的空间，同时也不想失去团队的温暖的想法。不如我们试试这样，每天设定一小段时间专注于个人爱好，其他时间参与集体活动。我相信你能在这两种状态中找到平衡，让你的个性更加闪耀。

沟通方式 2　倾听观察 + 个性化建议 + 共同愿景

　　从耐心倾听和细致观察开始，了解对方的真实需求和情况；基于个人特点和偏好提供定制化的建议或策略，增强方案的可行性；最后描绘一个双方都能认同的美好未来景象，增强合作意愿和动力。

沟通参考

　　我注意到你在独自工作时效率特别高，也许我们可以调整一下日程，让你在高效时段处理个人任务，然后再和团队一起攻克难关。想象一下，我们既有个人成就感，又能共同创造辉煌。

成长的天空

当我慢慢打开话匣子，用我们的共同经历唤起小东的共鸣，我看到小东的表情从紧绷渐渐变得柔和，那份连接的建立让我深感欣慰。那一刻，我深刻理解到，真正的沟通不仅仅是解决眼前的问题，更在于激发对方内在的力量，让他们看到自己无限的可能性。通过有效沟通帮助朋友找到平衡之道，不仅对他意义重大，也让我学会了如何更加细腻与智慧地处理人际关系。这份成长更加坚定了我以心传心、以情动人的人生信条。

知识分诊台

在人际交往中，表达我们理解对方的感受很重要。当我们说"我明白你为什么会这样觉得"时，就像是给对方一个温暖的拥抱，让他们知道我们真的在听，也真的懂他们。这样做能建立情感共鸣，让两个人心贴心，感觉彼此更近了。

当我们表达理解，对方就会感到被尊重，他们的心门也会打开，更愿意和我们分享更多。表达理解还能降低沟通阻力。有时候，人们会因为觉得没人理解自己而变得固执或生气。但如果我们先表示理解，就像给对方的心情一个出口，对方就会放松下来，沟通就会变得更加顺畅。

情景小舞台

 小芳，我有个烦恼，你能听我聊聊吗？

当然，小红，有什么事情让你头疼了？

 小丽想自己学习，但总是没动力，我该怎么帮她呢？

首先，了解她对什么感兴趣，从兴趣入手会容易些。

 好主意！但她说对学习都不太感兴趣，怎么办？

可以试试设立小目标，完成就奖励自己，慢慢来。

 那如果她还是容易分心呢？

创造一个安静的学习环境，远离干扰物，比如手机。

如此沟通

一、建立共鸣，理解先行

小红轻轻地开口："小丽，我最近发现，咱们上课时老师讲的好多内容，课后如果不复习，就忘得差不多了。你有没有这样的感觉？"小丽微微点头，眼神中透露出一丝无奈。"我也是呢，特别是那些数学公式，老记不住。"小红接着说："其实，我最近在尝试自己安排时间复习，我们一起探讨怎么样？"

二、提出具体策略，鼓励小步骤尝试

小丽听后，显得有些犹豫，小红立刻换了个轻松的语气："咱们可以从最简单的开始。比如说，每天放学后，咱们先花十分钟回顾一下当天学的知识点，就像讲故事一样，你给我讲，我给你讲。这样既有趣又记得牢。"见小丽面露兴趣，小红继续说道："而且，我们可以设立'学习小目标'，比如这周内搞定那个难懂的数学单元，完成后，周末一起去图书馆挑本喜欢的书作为奖励，怎么样？"

三、强调过程的乐趣与成长，减轻压力

注意到小丽似乎还在担心自己坚持不下去，小红决定换个角度："小丽，咱们不求一蹴而就，重要的是享受这个过程。就像咱们上次一起解那个复杂的谜题，虽然开始觉得难，但最后解开时，是不是超级有成就感？"小丽笑了，点了点头。眼睛里重新亮起了期待。

沟通方式1 共鸣建立 + 个人经历分享 + 邀请参与

通过表达对对方当前状况的理解和共鸣；分享自己的相关经历以增加亲近感；最后真诚地邀请对方一起来探索解决方案，使对方感到被支持且不孤单。

沟通参考

我最近也有点跟不上课程，感觉咱们可以一起找找解决办法。我试过每天在固定时间复习，挺有帮助的，想不想一起试试看？

沟通方式2 具体策略提议 + 小步骤实施建议 + 正面激励

提出实际可行的具体策略；将大目标拆解为小步骤，降低执行难度；同时强调完成每个小步骤后的正面激励，增强行动的动力。

沟通参考

不如我们从每天读一篇英文文章开始，不用太长，5分钟就好。每坚持一周，就奖励自己一次，比如周末多玩半小时游戏。

在与小丽的交谈结束后，我内心涌动着一股满足感。起初，我确实有些忐忑，担心我的建议会不会过于生硬，或者不能真正解决她的困扰。但当我尝试着分享自己也曾面对过的学习挑战，我看到小丽的脸上渐渐展露出释然的表情，那一刻，我知道我们之间的距离被无形地拉近了。我意识到，通过这种积极、鼓励的方式，不仅是在帮助她，也是在自我成长，我学会了如何以更细腻、更贴心的方式去影响他人。同时也为自己能够成为她这段旅程中的小小助力者而感到自豪。

在沟通中，将问题重定向就像是在迷路时换个方向走，可以帮助我们找到新的路。当我们面对一个问题，如果只从一个角度看，可能会觉得很难解决，但如果我们能够将问题重定向，换个方式思考，就能发现新的可能性。

进行问题重定向很重要，因为它可以帮我们跳出固定的思维模式，探索更多的解决方案。通过问题重定向，我们可以将对话引到更积极和有建设性的方向，还能将对方的负面情绪转移到寻找机遇和解决方案的行动中去。

总之，将问题重定向能重新引导对话的方向、激发创造性思维和导向积极的心态。我们在日常的交流沟通中可以使用这一技巧。